In dieser Reihe erscheinen:

AFGHANISTAN	
ÄGYPTEN	Jean Leclant, Professor an der Pariser Sorbonne
ANATOLIEN I (Von den Anfängen bis zum Ende des 2. Jahrtausends v. Chr.)	U. Bahadır Alkım, Professor an der Universität Istanbul
ANATOLIEN II (Vom Beginn des 1. Jahrtausends v.Chr. bis zum Ende der römischen Epoche)	Henri Metzger, Professor an der Universität Lyon
BYZANZ	Antoine Bon, Professor an der Universität Lyon
CHINA	Vadime Elisseeff, Konservator am Pariser Cernuschi-Museum
CHIVA	M.A. Itina, Mitglied der Akademie der Wissenschaften der UdSSR, Moskau
DIE ETRUSKER	Raymond Bloch, Professor an der Pariser Sorbonne
DIE GERMANEN	Rolf Hachmann, Professor an der Universität Saarbrücken
GRIECHENLAND I (Mykenische Periode)	Nicolas Platon, ehem. Ephor der kretischen Altertümer; ehem. Direktor des Akropolis-Museums, Athen; Professor an der Universität Saloniki
GRIECHENLAND II (Klassische Periode)	Jean Marcadé, Professor an der Universität Bordeaux
GROSSMÄHREN	Anton Točík, Direktor des Archäologischen Instituts, Neutra (Nitra, Slowakei)
INDIEN	Maurizio Taddei, Inspektor für orientalische Kunst und Archäologie, Rom
INDOCHINA	Bernard P. Groslier, Konservator der historischen Denkmäler von Angkor; Leiter der archäologischen Forschungen an der Ecole française d'Extrême-Orient
INDONESIEN	Bernard P. Groslier, Konservator der historischen Denkmäler von Angkor; Leiter der archäologischen Forschungen an der Ecole française d'Extrême-Orient
JAPAN	Vadime Elisseeff, Konservator am Pariser Cernuschi-Museum
KELTEN UND GALLOROMANEN	Jean-Jacques Hatt, Professor an der Universität Straßburg
KRETA	Nicolas Platon, ehem. Ephor der kretischen Altertümer; ehem. Direktor des Akropolis-Museums, Athen; Professor an der Universität Saloniki

MESOPOTAMIEN	Jean-Claude Margueron, Französisches Archäologisches Institut, Beirut
MEXIKO	Jacques Soustelle
MITTELAMERIKA	Claude F. Baudez, Forschungsbeauftragter am Centre National de la Recherche Scientifique, Paris
PENDŽIKENT	Alexander Belenitzki, Professor am Archäologischen Institut, Leningrad
PERSIEN I (Von den Ursprüngen bis zu den Achämeniden)	Jean-Louis Huot, Französisches Archäologisches Institut, Beirut
PERSIEN II (Von den Seleukiden bis zu den Sassaniden)	Wladimir G. Lukonin, Konservator am Eremitage-Museum, Leningrad
PERU	Rafael Larco Hoyle †, ehem. Direktor des Rafael-Larco-Herrera-Museums, Lima
ROM	Gilbert Picard, Professor an der Pariser Sorbonne
RUMÄNIEN	Emil Condurachi, Vorstand des Archäologischen Institutes, Bukarest, und Constantin Daicoviciu, Vorstand des Institutes für Geschichte und Archäologie, Klausenburg (Cluj)
SÜDLICHER KAUKASUS	Boris B. Pjotrowski, Direktor des Eremitage-Museums, Leningrad
SÜDSIBIRIEN	Michail Grjasnow, Professor am Archäologischen Institut, Leningrad
SYRIEN-PALÄSTINA I (Alter Orient)	Jean Perrot, Leiter der Französischen Archäologischen Mission in Israel
SYRIEN-PALÄSTINA II (Klassischer Orient)	Michel Avi Yonah, Professor an der Hebräischen Universität, Jerusalem
THAILAND	M.C. Subhadradis Diskul, Professor an der Silpakorn-Universität, Bangkok
TIBET	Giuseppe Tucci, Vorstand des Institutes für den Mittleren und den Fernen Osten, Rom
URARTU	Boris B. Pjotrowski, Direktor des Eremitage-Museums, Leningrad
URGESCHICHTE	Denise de Sonneville-Bordes
ZENTRALASIEN	Alexander Belenitzki, Professor am Archäologischen Institut, Leningrad
ZYPERN	Vassos Karageorghis, Direktor des Archäologischen Museums, Nikosia

ARCHAEOLOGIA
MVNDI

Wissenschaftliche Leitung: Jean Marcadé,
Professor für Archäologie an der Universität
Bordeaux

GIUSEPPE TUCCI

TIBET

Übersetzung aus dem Französischen:
Eva-Charlotte Hiltmann

33 mehrfarbige und 177 schwarz-weiße Abbildungen

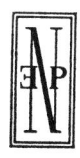

NAGEL VERLAG MÜNCHEN · GENF · PARIS

ISBN 2-8263-0587-5

© 1973 BY NAGEL VERLAG, GENF
Alle Rechte für alle Länder, einschließlich der UdSSR, vorbehalten
Gedruckt in der Schweiz   Printed in Switzerland

INHALT

Vorwort	9
Einleitung: Forschungsbedingungen und Definition des Themas	11
Kapitel I: Die prä- und protohistorische Zeit	15
Funde	15
Grotten und Höhlen	39
Megalithen, Gräber und alte Kultstätten	49
Kapitel II: Historische Zeit	61
Die Königsgräber	61
Weltliche und Militärarchitektur	73
Die Tempel	78
Die *Tschöten F (mc'od rten)*	114
Kapitel III: Die Entstehung der tibetischen Kunst	141
Der Einfluß der Nachbarländer	141
Fremde Werke und örtliche Nachahmungen	177
Der Kashmir und der Nepalsti	183
In Richtung auf eine tibetische *Koine*	198
Steinskulpturen	200
Zusammenfassung	203
Anmerkungen	205
Vergleichende Zeittafel	234
Bibliographie	211
Abbildungsverzeichnis	218
Index	238

VORWORT

In dieser Reihe, in der die verschiedenen Seiten dargestellt werden, die die archäologische Forschung von einem Land zum anderen in ihrem unermeßlichen Reich annimmt, wird man sich vielleicht wundern, einen Band zu finden, der der Region des Transhimalaja gewidmet ist, das heißt, in groben Zügen, dem Gebiet Zentral- und Westtibets, im geographischen Sinne des Ausdrucks. Sicher, da es in Tibet keine archäologische Delegation gibt und da im Augenblick nicht daran zu denken ist, dort Ausgrabungen vorzunehmen, handelt es sich diesmal nur darum, wie für andere Gebiete der Erde, einen Abriß der Probleme, der Methoden und Resultate einer Erforschung der Vergangenheit, die wissenschaftlich geführt und systematisch weiterverfolgt wurde, zu erstellen. Außerdem handelt es sich darum, indem man eine provisorische Aufstellung der sichtbaren Überreste und der erhaltenen Kunstwerke gibt, eine erste Diskussionsbasis vorzulegen und ein Arbeitsprogramm für später auszuarbeiten.

Aber es ist so, daß die Gefahren der Zerstörung heute so bedeutend sind und die Zukunftsperspektiven so zweifelhaft, daß eine Darstellung der wichtigsten bekannten Dokumente und eine Ausrichtung der Fragen, so wie sie sich im Augenblick stellen, schon von selbst eine dringende und notwendige Aufgabe sind. Freilich, die Bedeutung und die Neuartigkeit eines Buches wie diesem wird nicht unbemerkt bleiben. Professor Tucci ist ohne Zweifel der erste lebende Spezialist auf diesem Gebiet. Im Laufe seiner Reisen nach Tibet hat er selbst einen großen Teil der urkundlichen Unterlagen entdeckt, auf die man heute Bezug nehmen kann. Seine Publikationen sind der großen Öffentlichkeit im allgemeinen nur schwer zugänglich. Nun hat er hier zugestimmt (was immer ein Risiko für Wissenschaftler ist), seine wesentlichen Gesichtspunkte und seine wichtigsten Vorstellungen in den Grenzen einer kurzen Synthese zusammenzufassen. Das ist für uns ein unverhoffter Gewinn.

J.M.

Die in diesem Buch veröffentlichte Dokumentation ist das Ergebnis von mehr als dreißig Forschungsjahren. Die Bedingungen ihrer Ausarbeitung nicht weniger wie ihr ehrwürdiges Alter machten sie manchmal qualitätsmäßig anfechtbar. Dennoch bleiben die meisten dieser Photographien die einzigen Zeugen der Überreste, die heute zerstört oder unzugänglich sind. Sich dieser Tatsache bewußt, wollte der Verleger der großen Öffentlichkeit diese Dokumente in ihrer Vollständigkeit ihrer heutigen Erhaltung zugänglich machen, wobei jede Änderung sie ihrer Echtheit berauben würde. Kein Zweifel, daß der erfahrene Leser ihm dankbar sein wird.

Es sei uns hier gestattet, unseren tiefen Dank Herrn Professor Giuseppe Tucci auszusprechen, daß er uns autorisiert hat, diese wirklich einzigartige Dokumentation zu veröffentlichen, und daß er sie mit seinen wertvollen Kommentaren begleitet.

EINLEITUNG

Forschungsbedingungen und Definition des Themas [1]

Die relativ wenigen Forscher, die Tibet bereist haben, haben fast alle ihr Interesse auf die Beschreibung der Sitten und Gebräuche und auf die eindrucksvollen religiösen Komplexe gerichtet oder sie haben den Akzent auf Forschungen geographischer, soziologischer und religiöser Art gelegt. Selbst diejenigen, die sich mit der Kulturgeschichte Tibets befaßt haben, haben meistens den archäologischen Teil im eigentlichen Sinne nicht berücksichtigt, da sie sich an Fragen mehr religiöser oder liturgischer Ordnung hielten. Anläßlich meiner zahlreichen Reisen nach Tibet habe ich mich um die Archäologie und die Kunstgeschichte dieses Landes bemüht: Und ich habe über dieses Thema Forschungsberichte veröffentlicht in den sieben Bänden *Indo-Tibetica*[2], die sich besonders mit Westtibet befassen, dann in dem umfangreichen Werk *Tibetan Painted Scrolls*[3], das, wie schon der Titel sagt, Malereien auf Baumwolle oder Seide behandelt, die die Tempel schmücken oder die man aufrollt und als eine Art Talisman umhängt, wenn man auf Reisen ist. Aber ich habe auch, besonders im Inneren der Klöster, in die ich Eingang finden konnte, sehr viel anderes Material gesammelt, das Vergleiche zuläßt mit den Kunstströmungen der Länder, die dazu beigetragen haben, eigene Formen und Kunstrichtungen in Tibet entstehen zu lassen. Die Aufgabe ist niemals leicht gewesen: Die Statuen und die Malereien, die in den Tempeln zusammengetragen sind, sind aufeinandergestapelt, und oft sogar sind diese Statuen durch einen goldenen Anstrich entstellt, mit dem man ihr Gesicht jedes Jahr für liturgische Zwecke verdeckt. Die Mönche geben nicht immer die Genehmigung, das Innere der Tempel zu photographieren, und in keinem Fall war es möglich, Blitzlicht zu benutzen. Ich habe später, es war 1948, die Königsgräber aufgesucht, bei sehr schlechtem Wetter, sowie die ältesten Baudenkmäler Zentraltibets. Das auf diese Weise gesammelte Material ist beträchtlich, aber es hat vor allem dokumentarischen Wert, denn die Photos, die unter diesen Bedingungen gemacht wurden (manchmal sogar von indischen Photographen, weil meine Mitarbeiter mich nicht begleiten durften), sind vielleicht nicht immer würdig, in eine Veröffentlichung über Kunst aufgenommen zu werden. Darüber hinaus ist, wie man sehen wird, die chronologische Begrenzung hindernd, die durch diese der Archäologie gewidmeten Reihe, in der dieses Werk erscheint, festgelegt ist. Dennoch gelang es mir, einige Gegenstände zu erwerben, die so in Italien mit größerer Sorgfalt photographiert werden konnten.

Sagen wir gleich als Vorwarnung, daß die tibetische Archäologie, wenn man unter Archäologie die Ergebnisse von nach wissenschaftlichen Methoden gehandhabten Grabungen versteht, noch in den Anfängen steckt. Selbst nachdem es ein Teil Chinas geworden war, wüßte ich nicht, daß archäologische Forschungen — in dem Sinn, wie ich es oben erwähnt habe — an irgendeinem Ort in Tibet unternommen worden wären: Ich habe überdies in den in der Bibliographie zitierten chinesischen archäologischen Zeitschriften (die Zeitschrift *Wên-wu* stellte 1966 ihr Erscheinen ein, aber die neue Folge erscheint seit 1971) nicht den geringsten Hinweis auf solche Forschungen gefunden. Das bedeutet, daß man im Augenblick nur ein Programm für eventuelle archäologische Forschungen in Tibet aufstellen kann, indem man die vorhandenen Probleme aufzeigt und auf die interessantesten Orte hinweist, sei es für die Archäologie oder für die Kunstgeschichte, die geeignet sind, die Aufmerksamkeit auf sich zu ziehen. Es ist aber zusätzlich notwendig:

a) ein Verzeichnis der Kunstwerke unterschiedlicher Herkunft, die nach Tibet gebracht worden sind, auf Grund der noch vorhandenen Bauwerke sowie der historischen Quellen, die man kennt, zu erstellen und, wenn möglich, den Zeitpunkt zu bestimmen, wann sie dort hingebracht wurden.

b) die Einflüsse zu bestimmen, die diese Kunstwerke sowie die Anwesenheit fremder Meister durch ihr Zusammentreffen auf das Erscheinen der

Eigenschaften ausübten, auf Grund derer die tibetische Kunst, ob es sich um Plastik oder Malerei handelt, ihren eigenen Ausdruck fand.

Wir haben von fremden Einflüssen gesprochen, denn eben diese werden von verschiedenen Bauwerken und Dokumenten bestätigt. Die Tibeter selbst sind sich dessen bewußt und bewahren die Erinnerung daran. Es ist unmöglich, diese Fakten in einem ersten Entwurf tibetischer Archäologie und eines Programms für archäologische Forschungen in Tibet nicht zu berücksichtigen: Man muß sich sogar einzig und allein auf sie stützen. Dies erweitert in gewissem Maße den Sinn, der gewöhnlich dem Wort Archäologie beigemessen wird, das in unserem Fall nicht nur in der Bedeutung einer Sammlung von Urkunden oder Hinweisen über sehr seltene archäologische Tatsachen verstanden werden muß, sondern auch in der umfangreicheren Bedeutung der Kunstgeschichte oder, noch genauer, der Art und Weise, wie die tibetische Kunst entstanden ist. Indem wir aus Gründen der Deutlichkeit vorgreifen auf das, was wir im folgenden ausführen werden, können wir gegen Ende der Periode Sakyapa *(Sa skya pa)* oder etwas später (etwa 13. - 15. Jahrhundert) innehalten, als die verschiedenen künstlerischen Strömungen, die nun verschmolzen, der tibetischen Kunst ihren eigenen Charakter gaben, der bewirkt, daß sie in Asien den Ausdruck eines ganz besonderen Schönheitssinns darstellt. Das will nicht besagen, daß in der Folgezeit nicht neue Einflüsse in Erscheinung getreten seien in Orten oder Klöstern, die spezielle Kontakte mit anderen Ländern hatten.

Um diesen Einleitungsabschnitt zu beenden, kann man deshalb sagen, daß, wenn der Teil, der die tibetische Archäologie in engerem Sinne betrifft, einzig und allein darin besteht, ein Programm aufzustellen, es für das, was die Entstehung der künstlerischen Ausdrucksmittel betrifft, nicht dasselbe ist: Überhaupt hat die Architektur vor allem auf ihren eigenen traditionellen Schemata fortbestanden.

Abgesehen vom Einfluß Kaschmirs, Zentralasiens und Bengalens hat Nepal mit Tibet immer enge Kontakte unterhalten; China, das schon zur dynastischen Zeit (7.–9. Jahrhundert) und ebenso zur Sakyapa-Epoche (13. Jahrhundert) zur Zeit der Mongolendynastie (Yüan) dabei war, beginnt seinen Einfluß auf die Malerei auszuüben, und dieser Einfluß ist immer noch spürbar, vor allem in Osttibet oder in bestimmten besonderen ikonographischen Typen, wie die *Lokapāla* und die *Arhat*. Phünthsokling *(P'un ts'ogs gliṅ)* zeigt bis zum 16. Jahrhundert auf dem Gebiet der Malerei Malweisen indischer Herkunft, und auf die indischen Künstler wird noch zur Zeit des 5. Dalai-Lama (1617–1682) hingewiesen.

DIE PRÄ- UND PROTOHISTORISCHE ZEIT

I

Funde

Die Archäologie wird daher im wesentlichen auf Zufallsfunde gestützt oder auf Bauwerke, die überdauert haben. Da die Atmosphäre Tibets religiös war, war es bis zur Zeit der chinesischen Besetzung nicht möglich, irgendwelche Grabungen vorzunehmen, insbesondere an den Orten, die die Überlieferung für die interessantesten für die Geschichte Tibets oder seiner Kultur hält. Wie wir sehen werden, sind die Höhlen, von denen es sicher ist, daß sie in prähistorischer Zeit bewohnt waren, nicht selten: Ich habe selbst versucht, eine davon in der Umgebung von Luk in Westtibet zu erforschen, aber aus eben den Gründen der oben genannten Schwierigkeiten mußte ich die Grabungen abbrechen, da die Feindschaft der Bevölkerung des Dorfes offensichtlich war. In der Zeitschrift *K'ao ku*[4] hat Mrs. Tai Erh-chien einen Artikel veröffentlicht, in dem von einem Skelettfund bei Nyelam (*Ñe lam*) zwischen Nepal und Tibet gesprochen wird: Es handelt sich nicht um ein Grab, sondern um einen Zufallsfund unter einem Fluß. Man hat auch Steinwerkzeuge aus dem Neolithikum gefunden.

Für den Augenblick kann deshalb, aber wir werden darauf zurückkommen, aus Mangel an genauen Bezugspunkten oder an sicher datierbaren Gegenständen eine Aufteilung in eine prähistorische und eine protohistorische Periode nur sehr unzuverlässig sein. Die Zäsur zwischen den beiden Perioden ist in gewissem Sinne willkürlich, denn die eigentliche Geschichte Tibets beginnt im 7. Jahrhundert mit den ersten Angaben, die uns die chinesischen Quellen liefern, und danach mit den eigentlichen tibetischen Urkunden. Aber bevor nicht ernsthaft Forschungsgrabungen unternommen worden sind, wird es uns nicht möglich sein, mit Sicherheit zu bestimmen, ob alle Gegenstände, die ich in diesem Kapitel behandeln werde, aus der vorbuddhistischen Zeit stammen. Einige von ihnen fallen sogar mit der buddhistischen Epoche zusammen und müssen sich deshalb in eine Epoche einfügen, die schon historisch ist. Kurz, es handelt sich nur darum zu bestätigen, daß diese Gegenstände, da ihre Datierung zweifelhaft und unsicher ist, trotzdem eine gesonderte Gruppe bilden, die sich nicht im allgemeinen mit dem verbindet, was wir an Kunst und Kunsthandwerk kennen, so wie es uns in den Dokumenten dargestellt wird, die mit Sicherheit datiert werden können und die mit denen übereinstimmen, deren Funktion gesichert ist und von denen Beispiele in historischer Zeit reichlich vorhanden sind.

Diese Gegenstände sind Funde, die bei Feldarbeiten gemacht wurden. Ich denke an das, was man in Tibet *thokde (t'og rdeu)* «vom Himmel gefallener Stein», oder nach anderen thoding *(mt'o ldiṅ)* «Hochflug» nennt, das bedeutet «Steine des Himmelsfeuers». Der Name würde Steingerät vermuten lassen, das durch Zufall freigelegt wurde, wie Pfeilspitzen und Äxte; aber es ist mir niemals gelungen, davon solche Form zu sehen.

Im Laufe meiner tibetischen Expeditionen habe ich eine bestimmte Anzahl dieser Gegenstände studieren können; aber spärlich sind die, die ich kaufen konnte, denn die Tibeter halten sie für besonders glückbringend und sind nicht sehr geneigt, sich von ihnen zu trennen, vor allem wenn es ihnen gelingt, neun davon zu sammeln (die heilige Zahl bei den Bonpo, den Anhängern der alten Religion in Tibet, von der viele Ideen in der Volksreligion verblieben sind).

In ihrer Gesamtheit betrachtet, zeigen diese Gegenstände enge Beziehungen zur Kunst der zentralasiatischen Steppen und geben Zeugnis von direkten oder indirekten Einflüssen mit anderen Kulturzentren, worauf Professor Bussagli und ich selbst hingewiesen haben (Tucci 1935, Bussagli 1949). Goldman ist erst kürzlich wieder darauf zu sprechen gekommen (1961) und hat Vergleiche mit dem Iran angestellt. Auch derartige Übereinstimmungen sind möglich, denn die Kontakte mit den iranischen Kulturen (und dies gilt besonders für Westtibet) sind sicher sehr alt, und die künstlerischen und ausschmückenden Motive können sehr gut durch die Vermittlung von Wanderungen und Tauschhandel vom Iran nach Tibet gelangt sein.

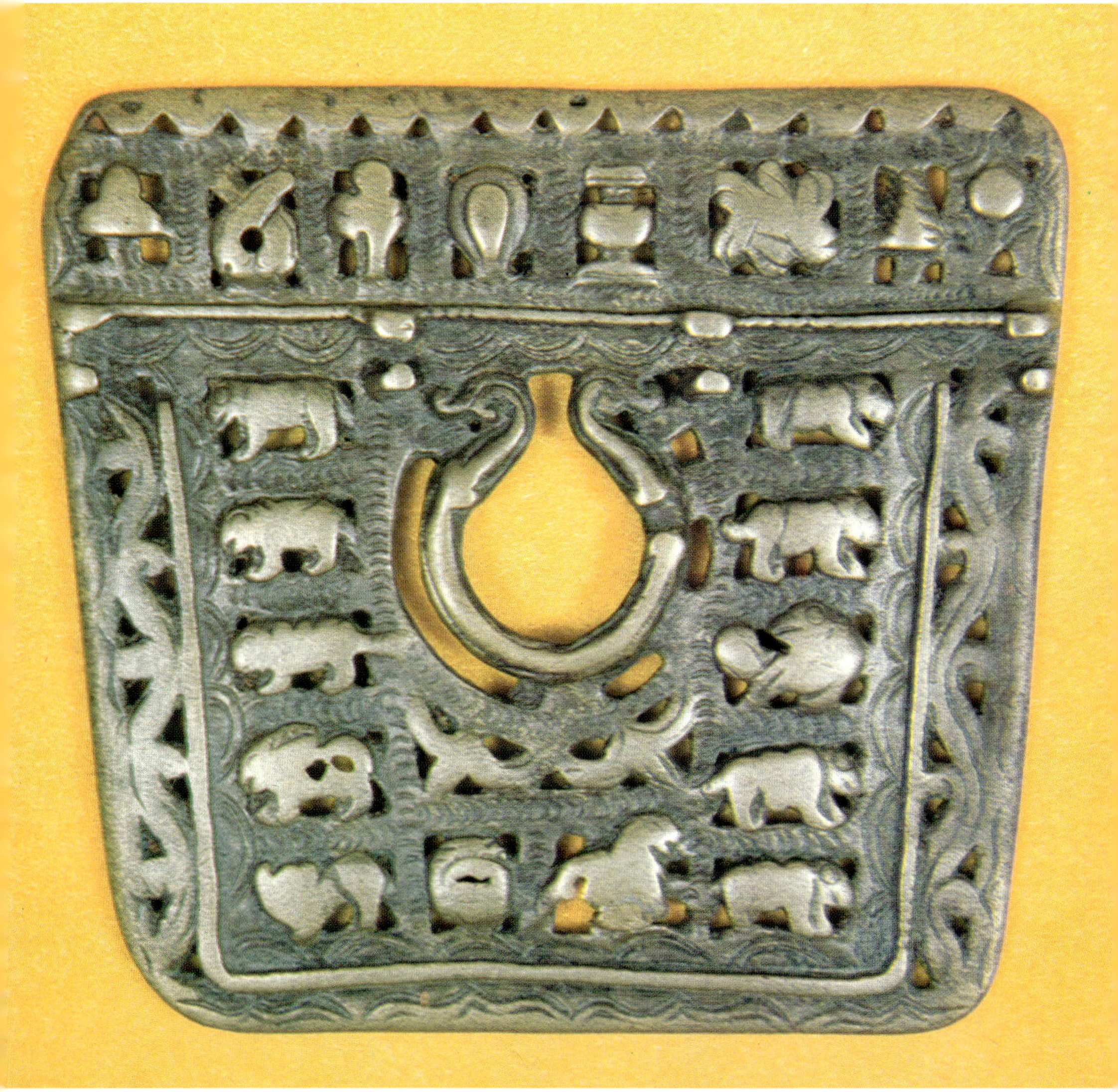

1

2

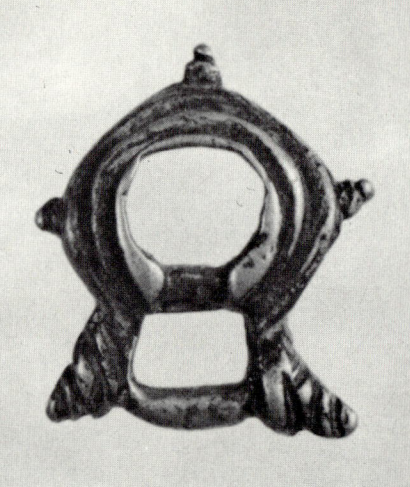

3

4

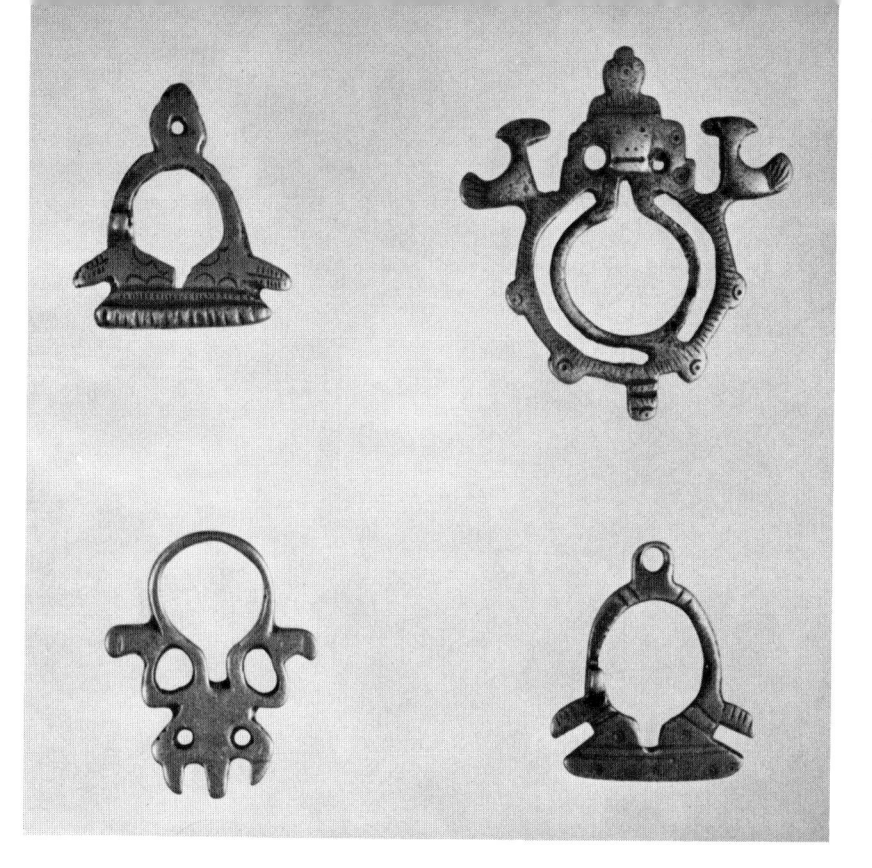

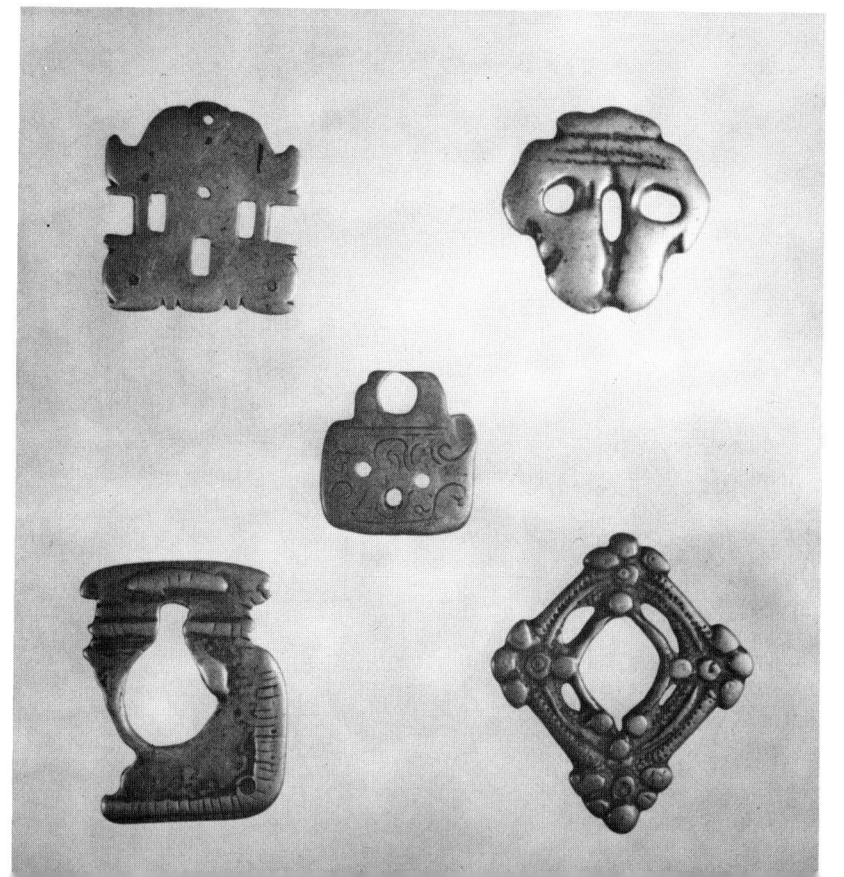

5

6

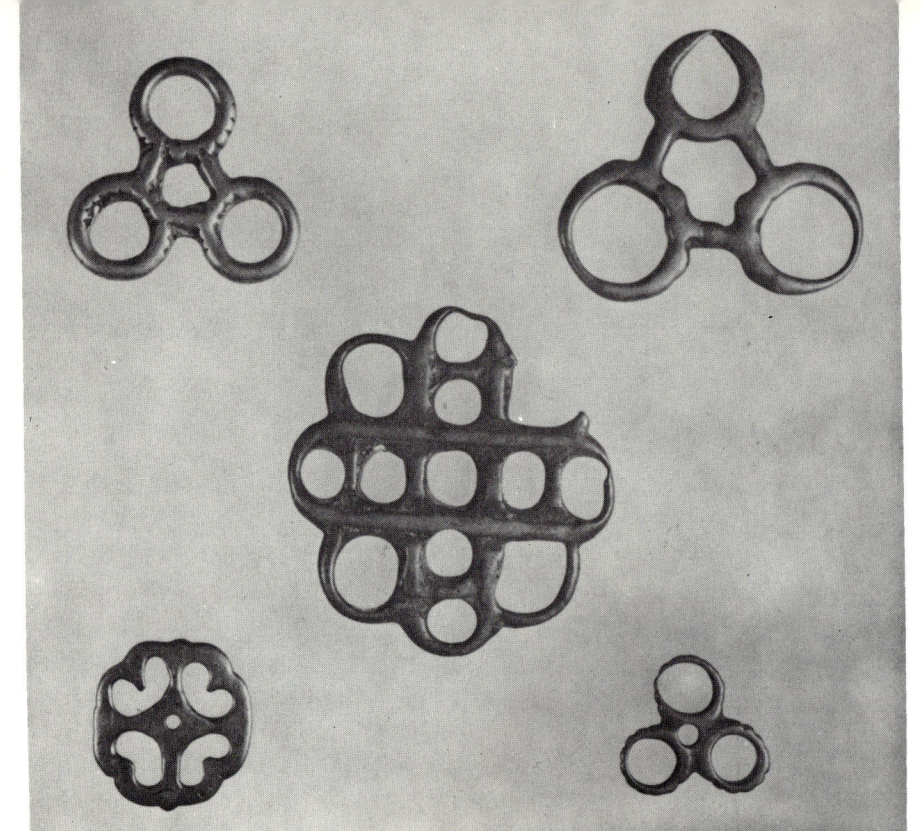

7

8

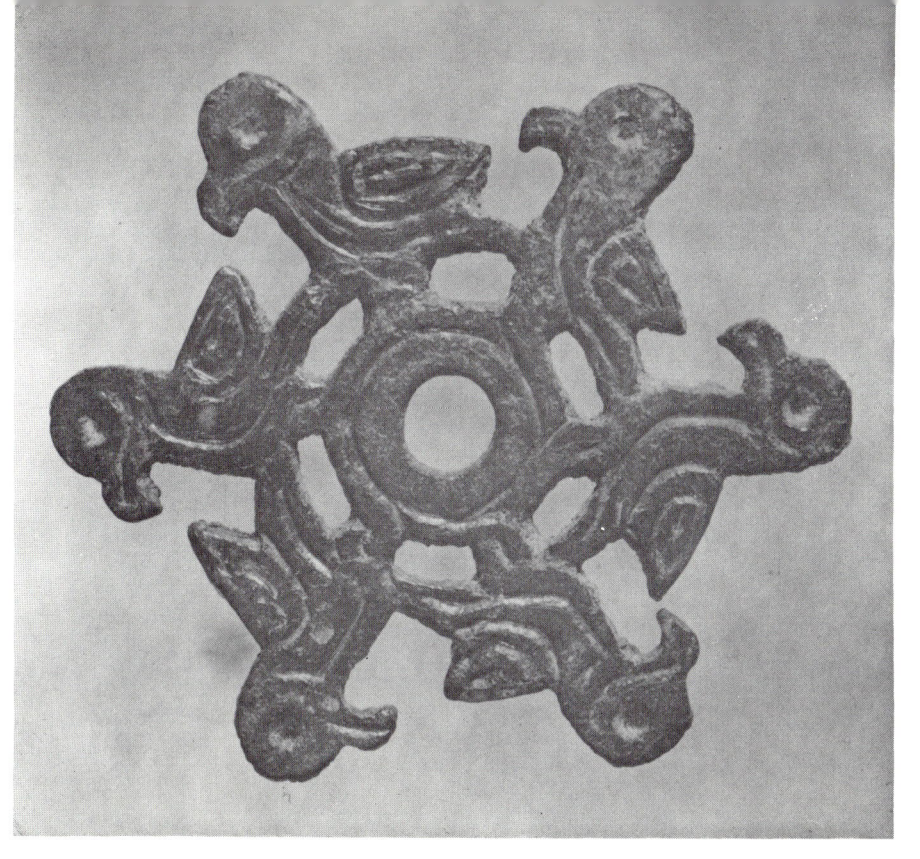

9

10

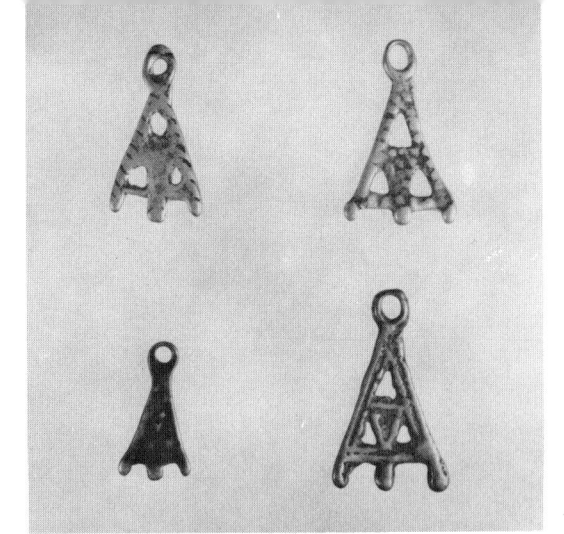

11

12

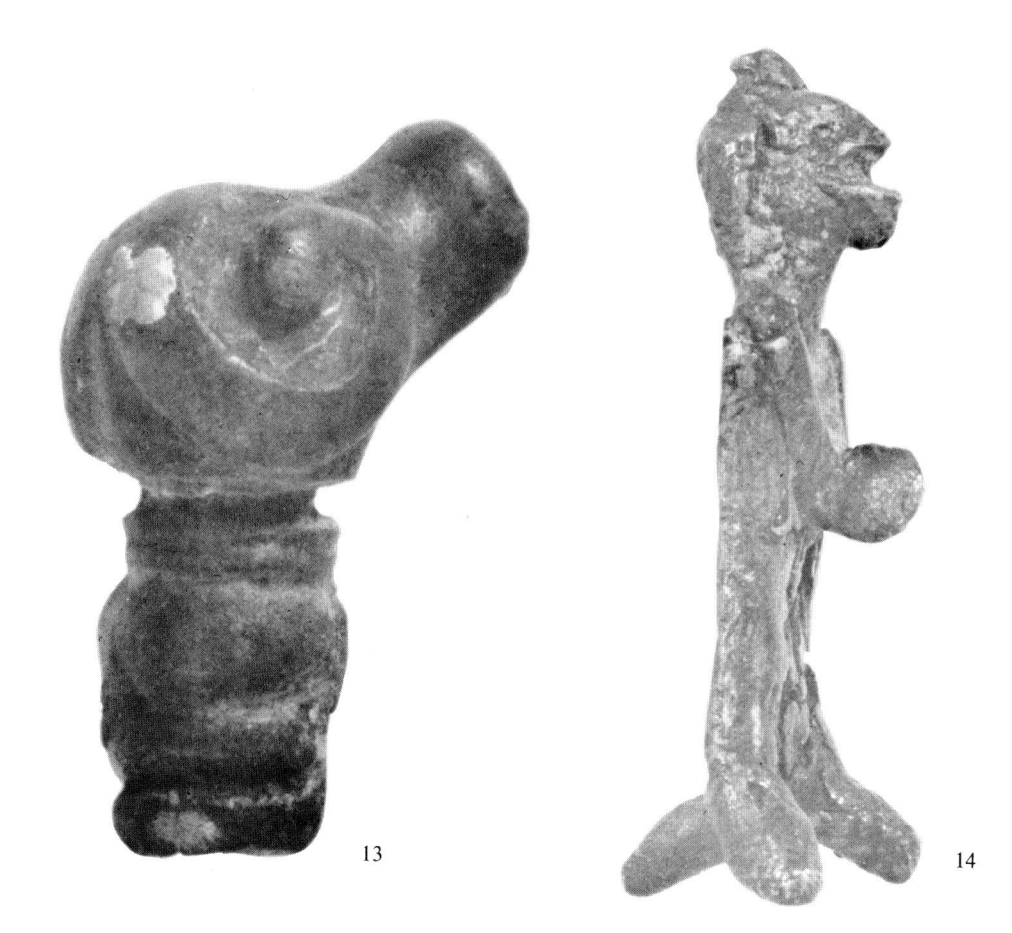

13
14

15

16

17
18

19

20

21

22

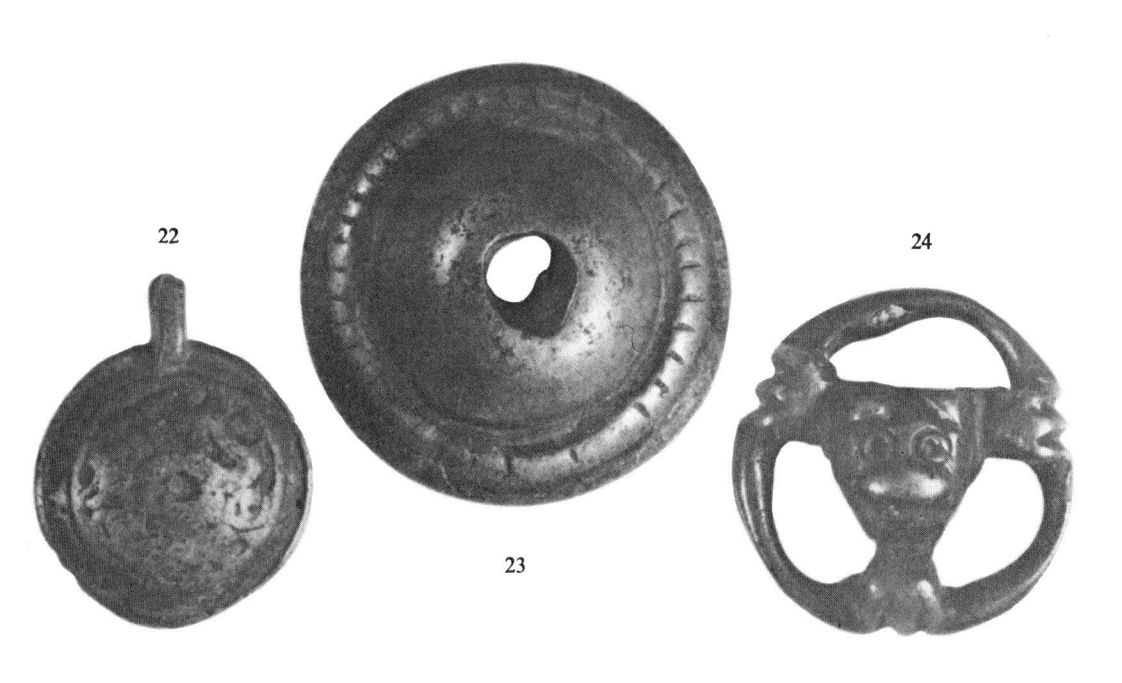

23

24

25

26

27

28

29

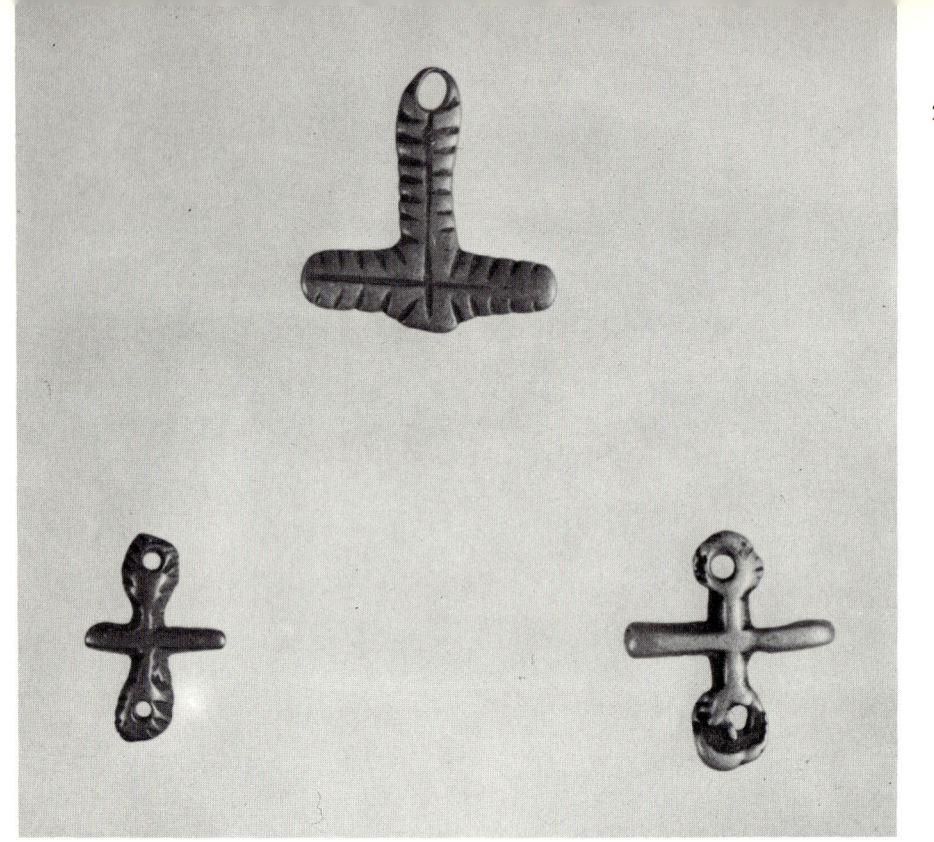

30

31

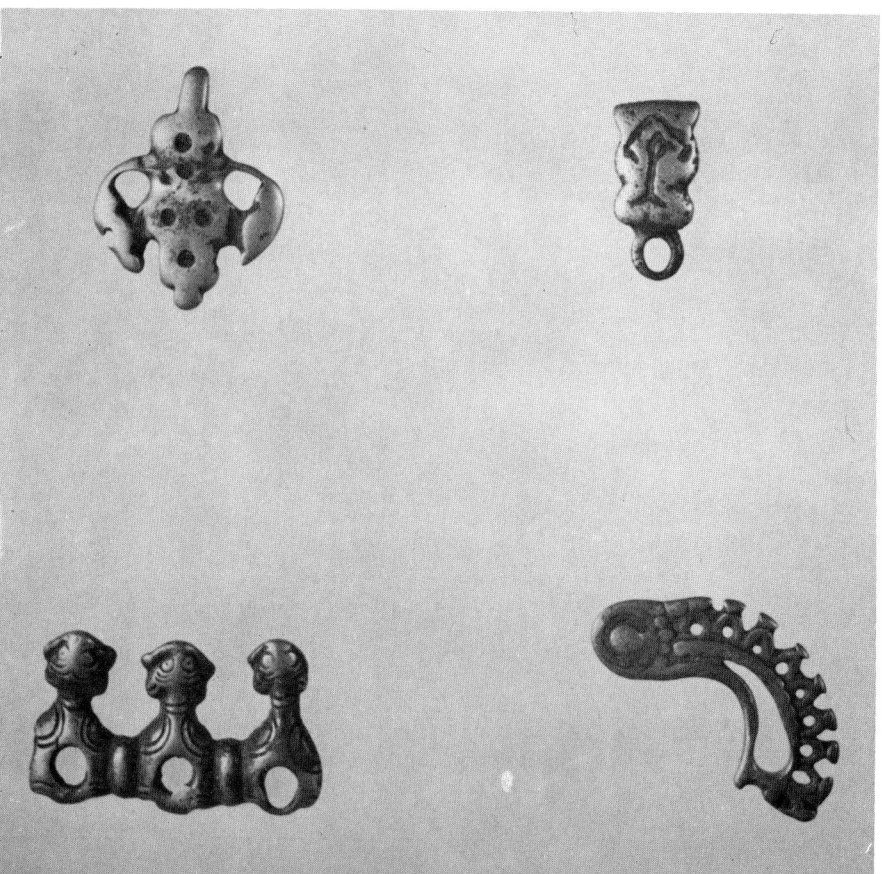

32

33

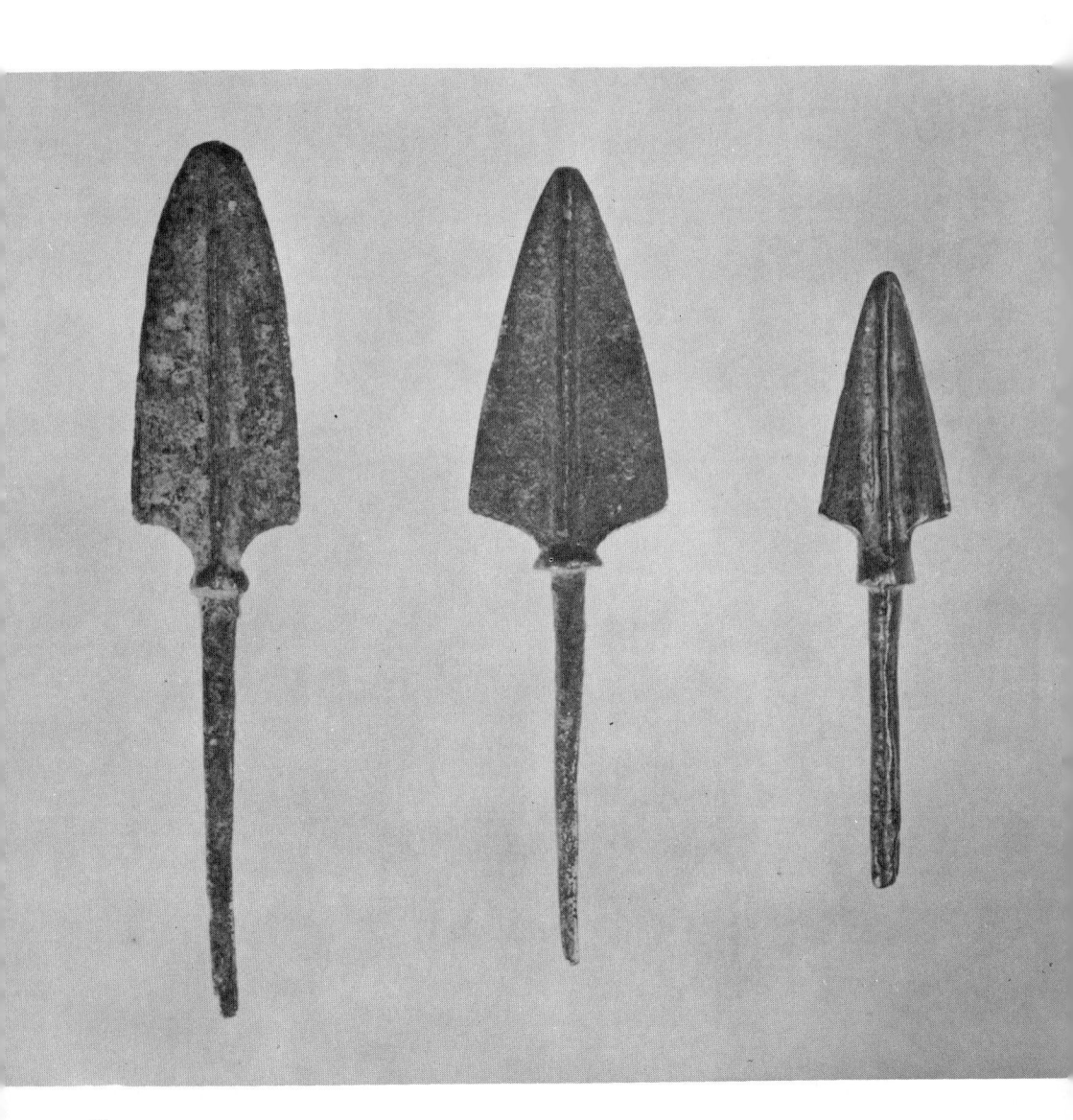

Aber die Hypothese von Goldman gilt nur für einige der Gegenstände, die wir, Professor Bussagli und ich, veröffentlicht haben: Man darf nicht die andere Komponente vergessen, die, obwohl sie geeignet erscheint, teilweise den Einfluß einer möglichen iranischen Vermittlung durchgemacht zu haben, in Tibet sehr stark ist und noch in der Verzierung zahlreicher Gegenstände dieses Landes vorhanden ist: Ich will von der sogenannten Steppenkunst sprechen, die aus der Entfernung von Jahrhunderten vor allem im Norden und Nordosten Tibets weiterlebt. Deshalb darf man nicht die Wanderungen der Yüeh-tsche in diesen Gebieten vergessen. Die Geschicklichkeit der tibetischen Handwerker, Metalle zu verarbeiten, war schon von chinesischen Quellen hervorgehoben worden[5]. Wir wissen nicht, welche Metalle ihnen zu dieser Epoche bekannt waren: Aber darunter befanden sich sicher Kupfer, Bronze und Eisen, deren Bearbeitung auf verschiedenen Wegen eingeführt worden sein kann. Es ist in der Tat unmöglich, in archäologischer Hinsicht festzulegen, zu welchem Zeitpunkt die Eisenverarbeitung begonnen hat, die möglicherweise denen, die dieses Metall schmiedeten, einen magischen Nimbus gab. Aber ich halte die Meinung von W. Ruben[6], gefolgt von S. Hummel[7], auf den Spuren von Heine-Geldern[8] für sehr zweifelhaft, nach der die Eisenverarbeitung anläßlich einer pontischen Wanderung eingeführt worden sein soll.

Es ist ebenso schwierig, die Verwendung oder die Bedeutung der Gegenstände, von denen ich gesprochen habe, zu beweisen: Einige haben einen ausgesprochenen funktionellen Charakter: Schnallen, Knöpfe, Glöckchen, Anhänger *(Abb. Nr. 2, 22, 23, 24, 26, 30)*, und ihre chronologische Bestimmung ist aus eben diesem Grunde noch unsicherer[9]. Aber es ist unbestreitbar, daß mehrere von ihnen einen sakralen Charakter haben; nach meiner Meinung ist das der Fall bei jenen, die als vorherrschendes Motiv einen Kreis haben *(Abb. Nr. 16, in der Mitte ein Türkis, umgeben von neun halbkugelförmigen «Tropfen»)*, entweder in der Mitte von dem, was wir provisorisch als Anhänger bezeichnen können, oder als mehrfache Kreise, meistens drei, wobei einer mit dem anderen verbunden ist *(Abb. Nr. 3, 4, 5 unten, 6)*. Oft bleibt auch der Kreis offen, unterbrochen, anstatt geschlossen zu sein[10]. Das Motiv der Mitte, der Mittelpunkt der Welt und daher auch des Zeltes oder des Hauses, das nach der Vorstellung vom Universum geformt ist, ist bekannt genug, als daß man es hier besonders betont. Komplizierter ist die Bedeutung der Motive, die den Kreis abschließen: Aber diese haben einen besonderen Sinn, wie es das Vorhandensein von Tieren beweist, die unverändert dargestellt sind *(Abb. Nr. 3, 4 oben)* oder soweit stilisiert, daß sie nicht mehr als einen entfernten Zusammenhang mit dem Original *(Abb. Nr. 4 unten)* aufweisen, oder aber der Vergleich mit ziemlich ähnlichen Stücken, die im Iran gefunden wurden *(Abb. Nr. 7 rechts, 8)*. Dieselbe Beobachtung ist anwendbar auf das Vorhandensein von Vögeln (aber nicht den *k'yuṅ*), die sich gegenüber stehen oder dem zugewendet sind, was ein Gebirge sein könnte auf der Abbildung *Nr. 4 oben rechts* zwischen zwei Tieren[11].

Ich neige auch dazu, der Mittelfigur der Abbildung *Nr. 6* mit ihren dreizehn verbundenen Kreisen einen sakralen Charakter zuzuschreiben, denn die Zahl dreizehn war in der Bon-Religion eine heilige Zahl, wie sie es auch in anderen Religionen ist. Ebenso kann man den Dreiecken auf der Abbildung *Nr. 10* nicht einen nur funktionellen Wert zuschreiben. Sie waren ohne Zweifel dazu bestimmt, aufgehängt zu werden, wie die Öse beweist, die für eine Schnur vorgesehen ist, aber diese Dreiecke, die als Tropfen auslaufen und alle, außer einem, drei leere Räume im Inneren umfassen, schließen nach meiner Meinung einen einfachen dekorativen Charakter aus. Wegen ihrer bescheidenen Ausmaße können sie nicht zu einem Pferdegeschirr gehören, aber es handelt sich offensichtlich um persönliche Schmuckstücke, die vielleicht als Talisman benutzt wurden und sich auf religiöse Vorstellungen beziehen, deren Verwicklungen wir nicht kennen.

Es ist leichter, die Bronzen auf der Abbildung *Nr. 11* zu deuten: Vier von ihnen zeigen mit Sicherheit den khyung, *(k'yuṅ)* der in der Bonpo-Überlieferung ein heiliges Tier ist und sich dem khading *(mk'a'ldiṅ)* von dämonischem Charakter entgegenstellt[12]. Der *k'yuṅ* hat indessen den Niedergang der Bon-Religion überdauert und ist in die Volksüberlieferungen eingegangen, bis er mit dem indischen Garuḍa verschmolz.

Man muß die gleiche Bedeutung als Talisman, als religiöses Symbol als Totemsinnbild oder als Sinnbild eines Klan auch anderen Gegenständen zuweisen: zum Beispiel jener, der vier zusammengefügte Vögel zeigt *(Abb. Nr. 19-21)*, deren Köpfe aus den gleichen Körpern hervorkommen. Es ist schwierig, sie besser zu kennzeichnen, denn sie sind weder den Adlern noch den Geiern ähnlich-wenn man sie nach ihrem Kamm beurteilt, würde es sich eher um Hähne handeln, die auf Tibetisch nicht anders heißen können als tschapo *(byapo)*. Es sind vier Figuren, die paarweise gruppiert sind, und, wie man an der Öse über ihnen sieht, dazu bestimmt waren, aufgehängt zu werden, entweder um den Hals eines Menschen oder an einem Pferdegeschirr.

Ziemlich schwierig zu erklären ist die Abbildung *Nr. 12*, die aber doch wahrscheinlich einen Bären zeigt (*dom*, Braunbär, oder *dred*, gelblicher Bär), der der tibetischen Folklore nicht fremd ist. Das Bild *Nr. 13* zeigt den Griff oder die Verzierung am äußersten Ende eines Gerätes in der Form eines sehr stilisierten Widders, während man auf der Abbildung *Nr. 25* links leicht zwei Tiere erkennt, die auf ihren Hinterpfoten aufgerichtet sind und sich gegenüber stehen, ein häufig vorkommendes Motiv in der asiatischen Kunst von Mesopotamien bis Sibirien.

Die einzige menschliche Darstellung ist die, die die Abbildung *Nr. 14* wiedergibt, eine kleine Bronzeklinge: Die beiden Hände sind nach vorn gebogen, aber stützen sich auf die Brust und scheinen einen Gegenstand zu halten, den man nicht deutlich erkennen kann. Die Gesichtszüge sind sehr primitiv, und der Kopf scheint von einer Kopfbedeckung überragt zu sein, deren Ende hinten gefaltet ist: der Überbringer einer Opfergabe, ein Gott?

Ich entdecke Ähnlichkeiten mit bestimmten gleichartigen Gegenständen, die im Gebiet von Kerman in Iran freigelegt worden sind.

Die Abbildung *Nr. 24* zeigt mit Sicherheit eine Schnalle mit einem summarisch nachgeahmten Tierkopf in der Mitte. Sehr interessant ist die Darstellung eines Tieres (ein katzenartiges Raubtier oder ein Löwe?) in Bronze *(Abb. Nr. 28)*, deren Behandlung sich vergleichen kann mit jener einer Darstellung der inneren Mongolei[13].

Diese Gegenstände kommen aus verschiedenen Orten Westtibets, aus Tsang *(gTsaṅ)* und aus Mitteltibet, aber das will nichts besagen, denn sie können, gerade wegen ihres apotropäischen Wertes, den man ihnen zuschreibt, von Nomaden gekauft sein. Man kann deshalb keinen sicheren Zusammenhang herstellen zwischen dem Ort, wo sie gekauft sind, und dem, wo man sie tatsächlich gefunden hat. Insgesamt müssen sie als das erste Dokument einer tibetischen Handwerkskunst betrachtet werden, das zeitlich sehr schlecht abzugrenzen ist und das eine Periode von mehreren Jahrhunderten einnehmen kann, bis es in die eigentliche buddhistische Zeit übergreift.

Die Abbildung *Nr. 1* ist deshalb besonders wichtig, weil sie den raumzeitlichen Charakter, der durch den Himmelskreis angedeutet wird, verdeutlicht. Man sieht hier den Kreis — offen —, der von zwölf Tieren umgeben ist. Obwohl der Gegenstand reichlich erodiert und der Entwurf ziemlich ungenau ist, handelt es sich ohne Zweifel um Tiere des Duodezimalzyklus: Ratte, Rind, Tiger, Hase, Drachen, Schlange, Pferd, Affe, Vogel, Hund, Schwein. Der Duodezimalzyklus wird schon zur Datierung in den Chroniken von Tun huang benutzt: Auch die Bonpo Götter, die Ghikö *(Gi k'od* oder *Ge k'od)* genannt wurden, waren sehr eng mit dem jährlichen Zyklus verbunden, weil sie eine Gruppe von 360 Gottheiten bildeten[14]. Der fragliche Gegenstand gehört gleichwohl einer späteren Epoche an, denn er läßt eine

Symbiose mit den buddhistischen Anschauungen erkennen: Zeugen dafür sind die acht guten Vorzeichen, die man im oberen Teil sieht, Ṭaschi ṭaghie *(bkra šis rtags brgyad)*: Sonnenschirm, Goldfisch, Vase mit Schätzen, Lotosblume, Muschel, geflochtenes Band, Fahne, Rad). Es ist daher offenkundig, daß dieser Gegenstand eine Verschmelzung von altem Glauben und dem Symbolismus zeigt, der vom Buddhismus eingeführt wurde.

Diesen Beispielen kann ich noch die Zeichnung auf einem Gerät aus Eisen hinzufügen, das mit Gold und Silber überzogen ist aus der Yüan-Zeit, auf dem man deutlich ein Kreuz erkennen kann *(Abb. Nr. 112)*, und das man in Verbindung bringen kann mit anderen ähnlichen Zeichnungen, die von Hambis erforscht wurden[15].

Was das kleine Bild des *bos indicus (Abb. Nr. 27)* betrifft, so kann es sich um einen aus Indien eingeführten Gegenstand handeln, denn das Tier, das in Tibet denselben heiligen Charakter hat wie das Rind in Indien (das Rind wurde als der Träger Schiwas angesehen), war der weiße Yak, der in der Kosmologie eine so bedeutende Rolle spielt.

Auf der Tafel *Nr. 22* sieht man eine hohle Bulle, die vielleicht dazu bestimmt war, eine Formel oder einen Talisman aufzunehmen; man muß sie deshalb als eine Art Prototyp der späteren *gau* ansehen, die kleine Dosen aus Gold oder Silber sind, in denen man heilige Sprüche aufbewahrt.

Einige Gegenstände sind offensichtlich jenen, die Rudenko veröffentlicht hat[16], sehr ähnlich, wie zahlreiche andere identisch sind mit jenen, die derselbe Autor veröffentlicht hat[17].

Das Bild eines Affen *(Abb. Nr. 17, 18)*, das bis nach Minusinsk, wo diese Tiere nicht vorkommen, gefunden worden ist, hat in Tibet nichts Überraschendes, wo nach bestimmten Überlieferungen das tibetische Volk hervorgegangen wäre aus der Verbindung eines Affen — in dem der Buddhismus eine Inkarnation von Tschangresik *(sPyan ras gzigs)* sieht — und eines weiblichen Dämons.

Was die beiden Anhänger, die unten auf der Tafel *Nr. 29* abgebildet sind, betrifft, so sind sie aus einer späteren Zeit. Man kann mit Recht an die nestorianischen Kreuze denken; in der Tat wissen wir, daß ein nestorianischer Bischof in Tibet erwähnt wurde[18], und daß viele Gegenstände in Kreuzform, die in Ordos und in China gefunden wurden[19], den Nestorianern zugeschrieben werden müssen, obwohl einige Stücke zweifelhaft bleiben. Die Abbildung *Nr. 11* unten links zeigt sehr wahrscheinlich eine Taube, ein weiteres nestorianisches Symbol. Die Anwesenheit von Nestorianern in Tibet zur Zeit der Yüan-Dynastie kann nicht überraschen, denn die Nestorianer waren zu jener Zeit zahlreich in China und bei den Mongolen vertreten.

Außerdem muß man noch andere Gegenstände erwähnen, die ebenfalls während Feldarbeiten entdeckt wurden. Es handelt sich um Halskettenperlen *(beads)* in zylindrischer Form, die an beiden Enden auslaufen; das Material ist eine weißliche Paste und ihre Oberfläche ist mit kastanienbraunen Linien verziert, die mit kleinen Kreisen in derselben Farbe abwechseln, im allgemeinen in ungerader Zahl, was bewirkt, daß sie sehr geschätzt sind. Ich habe niemals welche erwerben können wegen der immer sehr hohen Preise, die sie erzielen: In der Tat werden sie als Talisman mit besonders wirksamen magischen und schützenden Kräften angesehen. Einige Male hat man mir gesagt, daß diese Stücke in Gräbern gefunden wurden.

Diese Gegenstände heißen *gzigs*, und die kleinen Kreise, die darauf sind, werden *mig*, Augen, genannt. Es handelt sich um Teile von Ketten, die in Asien, im Nahen Osten, in Iran und in Zentralasien sehr weit verbreitet sind. Deshalb kann man daraus keine endgültige Schlußfolgerung ziehen. Sie beweisen nur noch einmal mehr, daß die Bevölkerungen, die Tibet bewohnten, schon seit sehr alter Zeit Kontakte und Tauschhandel mit den Nachbarländern hatten.

Andere *beads*, die aus Glaspaste hergestellt waren, sind denen ähnlich, die G. G. Seligman und H. C. Beck in «Far Eastern Glass: Some Western origins» veröffentlich haben.

Man findet fast überall auch sehr häufig Pfeile mit Mittelrippen: Die, die ich besitze, sind aus Eisen und von einem allzu verbreiteten Typus, um auch nur eine annähernde Datierung zu erlauben *(Abb. Nr. 33)*.

Grotten und Höhlen

Grotten und Höhlen sind in Tibet sehr zahlreich, vereinzelt oder in Gruppen. Außer den Grotten von Luk, die wir oben erwähnt haben und deren Erforschung lückenhaft bleibt, hat man in der Umgebung von Nubra und in Kun Lun[20] andere Höhlen mit Felsmalerei gefunden, die ins 2. Jahrtausend v. Chr. zurückzugehen scheinen[21]. Man findet sie in Lhatse *(Lha rtse) (Abb. Nr. 34)*. Andere, offensichtlich prähistorische Höhlen, die bei Yandokthso *(Yar abrog mts'o)* liegen, sind 1905 von L. A. Waddell[22] kurz beschrieben worden. Es gibt noch weitere in Janthang (Schreibung ungewiß: *Byaṅ t'aṅ?*) *(Abb. Nr. 35)*, in Yarlung *(Yar kluṅs) (Abb. Nr. 37)* und in Doṭakdsong *(rDo brag rdoṅ)*. In Westtibet kommen die Höhlenstätten reichlich vor, zum Beispiel Tsaparang, Tschang *(P'yaṅ* unsichere Schreibung: *P'yi dbaṅ gduṅ mk'ar?)*, Khyunglung *(K'yuṅ lun)* und andere: Sie werden von Ruinen von Schlössern und Tempeln überragt. Man findet andere Höhlenzentren in Lo *(Blo, Mustang)*, im Norden von Tuktscha, das heißt, im tibetischen Teil Nepals, der früher unabhängig oder mit Tibet verbunden war, und wo man noch die tibetische Sprache spricht. Die tibetischen Eremiten pflegten einen guten Teil ihres Lebens in Höhlen zu meditieren, und in Sikkim glauben die Lepschas, daß die Menschen vom Gipfel der Gebirge in eine Grotte hinabsteigen, um nach ihrem Tod wieder dorthin zurückzukehren[24].

Milarepa, einer der berühmtesten Mystiker Tibets, wohnte fast ausschließlich in Grotten, von denen einige namentlich von seinen Biographen genannt werden. Yerpa *(Yer pa)*, östlich von Lhasa[25] gelegen, ist eine in Höhlen gebaute Klosterstadt. Retschungphuk *(Ras c'uṅ p'ug)* ist ein Kloster in Yarlung, das in der Nähe einer Höhle gebaut wurde, wohin ein berühmter Asket, Schüler von Milarepa, sich zurückzog, um zu meditieren.

Ein sehr bemerkenswerter Ort in dieser Hinsicht, der ohne Zweifel seit ältesten Zeiten für heilig gehalten wurde, ist Pretapuri (von den Indern, die sich nach Kailāsa auf Wallfahrt begeben, auch Tīrthapuri genannt), die Stadt der *Preta*, das heißt der Lemuren, wo zahlreiche Höhlen zu finden sind[26].

Es gibt außerdem einen in den Fels, wo Gayādhara gelebt hat, gehauenen Tempel, die Grotte der Meditation von Satschen *(Sa c'en)* in Sakya *(Sa skya)* unter Labrungschar *(Bla braṅ šar)*, dem Tempel von Tshogieltakmar *(mTs'o rgyal Brag dmar)*, der Ṭisongdetsen *(K'ri sroṅ lde brtsan)* zugeschrieben wird.

Natürlich kann man nicht sagen, daß alle diese Grotten, vor allem die der Höhlenstädte, der prähistorischen Epoche zugewiesen werden können. Man muß in bestimmten Fällen, wie in Tsaparang und in Tschang oder Khyunglung an Wohnstätten denken, die nur im Winter benutzt wurden, denn im Sommer zog die Bevölkerung mit ihren Herden auf die Hochplateaus und kehrte in der kalten Jahreszeit in ihre Höhlenwohnungen

34, 35

36, 37

38, 39

40, 41

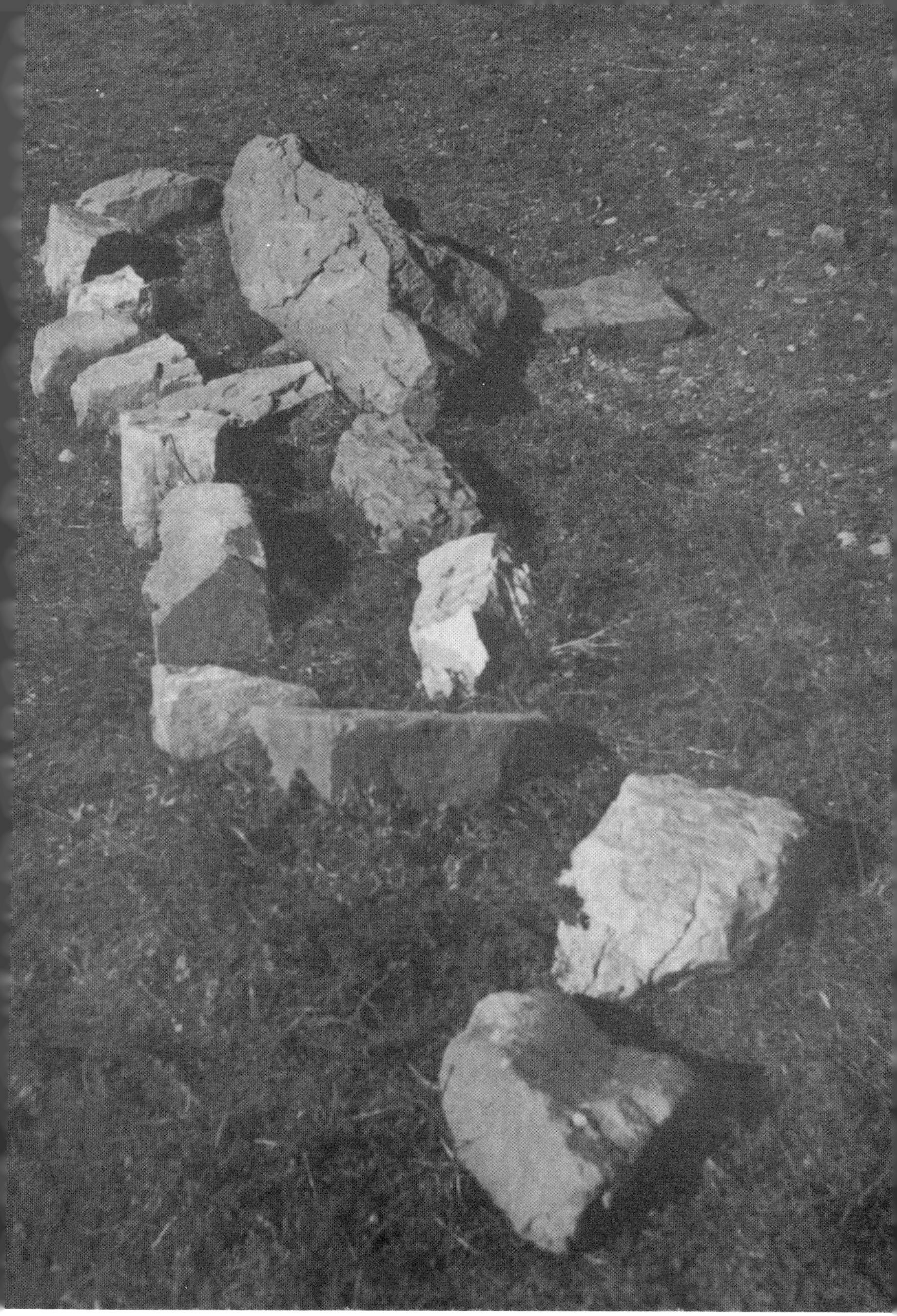

༄༅། །རྒྱས་གྱི་ཚོགས་མ་མཛད་པས།
བསལ་ཉ་འགྱུར་བ་
པར་བགྱིས་ལ་ཡེ་བྱུང་སྟེ
བ་རུལ་ཊ་ཊེ་ག་ར་སྒྱི་
བསྐུབ་བ་བཀྱི་གི་ད་ག
འས་ག་ཧབ་ནས་འ་ཕྲིལ་ཞིང་ཡ་
བཅན་པོ་ཡབ་སྲས་ཀྱིས་འཆད་
བའི་ན་ནས་བབ་ཅེ་ཀི་རེ་ག་རྣམས
མན་ཆད་ནས་བུར་ཡབ་གཱ་ག
གི་བགི་གྲིག་བསྐུབ་ཕབ་བདའ་འཛིན
ཏེན་ལན་།འདའ་འབས་བ་འདད་ད་
འཛིན་ག་།ཤེ་ཀྱི་ཤྲཱུད་བ་འགྱུས་ཡི་ན
བདའ་ཉ་ཤབས་ཅད་བགྱུར་བ་ཤྲུ
གའོལ་ཕ་ཤེ་བ་ཅོ་ནི།
ཇེ་སྒོ་ན་ཀྱུ་ཀྱི་ནས་འགྲེ་ཅ་

44

45 46

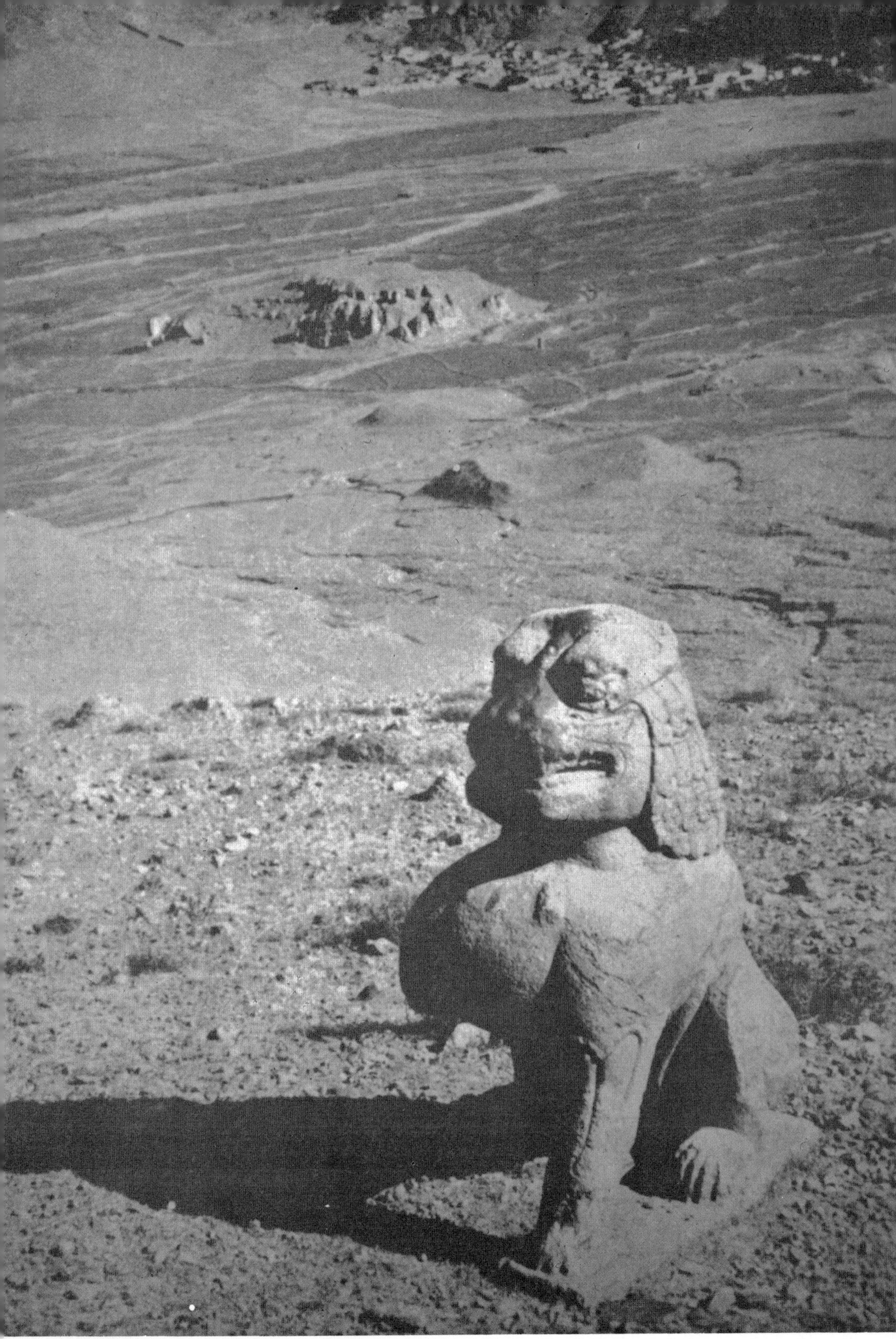

zurück. Dieses trifft vielleicht nicht auf die Grotten von Lo *(Blo, Mustang)* zu und auf zahlreiche derer, die von Eremiten benutzt wurden, die die Gewohnheit hatten, einen Teil ihres Lebens, wenn nicht sogar das ganze, in Grotten zu verbringen. Hier haben wir ein Problem, das nur eine archäologische Erforschung lösen kann. So ist es zum Beispiel in Swat vorgekommen, wo eine Grotte, die noch gelegentlich bei kalten Regennächten von den Gujar (die an jahreszeitlich bedingte Wanderungen gewöhnt sind) bewohnt wurde, nach mit Nachdruck betriebenen Grabungen eine bedeutende Schichtung freigegeben hat, die von der ersten Schicht mit islamischer Keramik des 16.–17. Jahrhunderts ausgeht und bis ins Jungpaläolithikum zurückgeht[27]. Es scheint mir nicht logisch, anzunehmen, daß die Eremiten die Grotten, wo sie Zuflucht suchen wollten, immer selbst ausgehöhlt haben oder haben aushöhlen lassen; wenn sie vorhandene fanden, mußten sie sich dieser bedienen, um sich darin zurückzuziehen. Aus diesem Grund müssen die Archäologen, wenn Tibet wieder zugänglich sein wird, sich genau daran machen, die Grotten festzustellen, die in historischer Zeit schon als existent angenommen werden, dann durch Grabungen, die nach wissenschaftlichen Methoden ausgeführt werden, zu bestimmen, welche der Grotten eine alte Ansiedlung erkennen läßt und bis zu welcher Epoche man zurückgehen kann. Es ist übrigens nicht ausgeschlossen, daß bestimmte dieser Grotten, besonders diejenigen, die an die großen Zentren oder an den Ort grenzten, wo die Könige residierten, als Gefängnis gedient haben, wo die Schuldigen verurteilt waren, mehrere Jahre zu verbleiben[28].

Megalithen, Gräber und alte Kultstätten

Man trifft in zahlreichen Stellen Tibets große Steine, die als Kreis angeordnet sind, manchmal auch im Quadrat oder in einer Reihe, einer hinter dem anderen, einzelstehend oder in welchselnder Anzahl, mit einem oder drei höheren Steinen in der Mitte, die wie Pfeiler aufgerichtet und weder bearbeitet noch behauen sind. Wenn diese Steine zu dritt vorkommen, sind die beiden Seitensteine niedriger, wie in Pu *(sPu)* an der Grenze Tibets, das ein Versammlungsort für jährliche Feste ist[29]. Der umfangreichste Komplex einer derartigen Anordnung im Kreis mit Steinen von 2 oder 3 m Durchmesser, manchmal leicht eiförmig, mit oder ohne Pfeiler in der Mitte, befindet sich im Gebirge oberhalb von Schapgheding *(Šab dge sding)* und auf der Straße zwischen Doṭakdsong *(rDo brag rdsoṅ)* und Sakya: unglücklicherweise sind die Photos, die davon gemacht worden waren, bei einer Flußdurchquerung verloren gegangen.

Wir werden später sehen, welches die Probleme sind, die diese Art Monumente stellen: Handelt es sich um Gräber? oder um die Abgrenzung von Flächen, die für andere Zwecke bestimmt waren? Oder um beides zusammen? Man muß zunächst bei anderen analogen Orten beharren, die schon entdeckt sind, wie auch bei den Gräbern. Ich habe selbst monolithische Stelen auf dem Plateau gesehen, das nach Shidekar (Schreibung unsicher: *gŽi sde mk'ar?*) führt, in Westtibet in der Nähe des Sees Manasarovar in Byi'u[31], in der Nachbarschaft Tibets in Garbyang[32] und in Doṭakdsong *(Abb. Nr. 38)*.

In der Nähe von Reting *(Rva sgreṅ)* befindet sich ein Kreis, der summarisch aus großen Steinen gebaut ist (phabong, *p'a boṅ*), über dem Spruchbänder mit gedruckten Gebeten wehen. Nach der Überlieferung ist er einer Ḍākinī geweiht.

Ein anderes altes kreisförmiges Grab ist von Georges de Roerich[33] wiedergegeben worden.

Ein Ort, der gewisse Analogie mit dem von Schapgheding aufweist, ist der doring *(rdo riṅ)* im Süden des Salzsees Pangongtsho *(sPan goṅ mts'o)*. Schon der Name dieses Ortes ist in sich selbst sehr bezeichnend: Er bedeutet «langer Stein». Roerich[34] hat hier 18 Reihen aufgerichteter Steine gefunden die parallel angeordnet sind. Jede dieser Reihen endet in einem Kreis aus Steinen, den Roerich Kromlech nennt und der aus Obelisken und Menhiren, die kreisförmig angeordnet und senkrecht aufgerichtet sind, gebildet wird, und vor dem sich eine Art Steinaltar befindet, der ebenfalls ungestaltet ist[35]. In der Mitte des Kreises erheben sich höhere Steine, die an die von Pu, Doṭakdsong und Garbyang erinnern. Alle diese Steinplatten des doring sind von Osten nach Westen ausgerichtet, und Roerich vergleicht sie mit den megalithischen Denkmälern von Carnac in der Bretagne. Man kann in diesem Fall an eine Doppelbedeutung denken: eine sakrale Bedeutung, das heißt, eine Zone, die von parallel auf der Erde angeordneten Steinen begrenzt und beschützt wird, oder auch Begräbnisplätze.

Andere megalithische Monumente, wie Frau A. W. Macdonald[37] bemerkt, der wir die erste systematische Studie hierüber verdanken, sind von Bacot in Osttibet festgestellt worden[38].

In dem Dorf Saga hat Roerich[39] einen großen Menhir aus grauem Stein entdeckt, der von Pfeilern aus weißem Quarz umgeben ist. Die Oberfläche des Menhirs zeigt Spuren von Butter, also Opfergaben.

In der Nähe des großen Salzsees Danrayuntsho *(Dan rwa gyu mts'o)* hat Roerich ebenfalls Megalithen gefunden, die aus Menhiren gebildet sind, umgeben von quadratisch angeordneten Steinplatten. Nicht weit davon sind Gräber entdeckt worden, die von quadratisch angeordneten Steinen umgeben sind[40]. Die Gräber waren von Osten nach Westen ausgerichtet, mit einem großen Stein im Osten, was den Autor vermuten läßt, daß dieser dem Kopf entsprach.

Roerich teilt diese Gräber der megalithischen Periode zu, was sehr unsicher ist: Da außerdem noch keine Grabung stattgefunden hat, ist es unmöglich, diese Gräber zeitlich einzuordnen.

Auf Anlagen aus Steinen mit einer oder drei Säulen in der Mitte in anderen Teilen Tibets und der Mongolei ist hingewiesen worden[41]. Die K'iang, die sich im 2. vorchristlichen Jahrtausend schon in Kokonor festgesetzt hatten, begruben ihre Toten in einem Grabraum aus Steinen[42].

Einige zufällige Grabungen, die während des 2. Weltkrieges von Dr. Aufschnaiter in der Nähe von Lhasa vorgenommen wurden, der aus einem Gefangenenlager geflohen und sich mit seinem Gefährten Harrer nach Tibet flüchtete, haben zu der Entdeckung von Gräbern und Vasen geführt. Diese Gräber sind von einer besonders vielfältigen Bauart; man bemerkt sowohl das Vorhandensein von Steinen und Blöcken[43], von Einfriedungsmauern[44] als auch von Tumuli[45]. Die Toten wurden in Grotten begraben, die in den Fels gehauen waren und dann mit einer Steinplatte abgedeckt wurden, oder in eine Art Brunnen gelegt («a pozzetto»). Das Vorhandensein von Schädeln und Gebeinen in Vasen scheint darauf hinzuweisen, daß man ein zweites Begräbnis vornahm, nach der Auflösung der Fleischpartien. Es scheint, daß man zu denselben Schlußfolgerungen kommt durch das Grab der Anlage XII, wo es eine doppelte Bestattung gibt. Die Keramik ist mit der Hand oder der Töpferscheibe hergestellt und mit strahlendem Rot bemalt, aber sie ist vom Wesen her atypisch. Das Vorhandensein von Kohle läßt vermuten, daß man Begräbnisriten in der Nähe von Gräbern oder Friedhöfen ausführte.

Weitere Gräber wurden bei Leh *(sLe)* in Ladakh[46] entdeckt: Sie waren mit Steinplatten bedeckt. Das Innere war aus nicht behauenen Steinen gebaut, das heißt, von Mauern gebildet. Ich glaube nicht, daß die Meinung von Francke, wonach die Gräber ursprünglich über der Erde gewesen sind, zu halten ist. Da die Grabungen nicht von Fachleuten durchgeführt worden sind, ist es unmöglich festzustellen, ob es über dem eigentlichen Grab eine andere Gruft gab wie in Swat oder bei den Gräbern im Industal. Das Grab ist ungefähr 1,80 m lang, annähernd 1,40 m breit und in etwa 1,80 m tief. Die dort gefundenen Vasen sind mit der Hand hergestellt, nicht mit der

Töpferscheibe, und die größte, die nur in Bruchstücken vorhanden ist, scheint eine Höhe von maximal 96 cm gehabt zu haben. Bestimmte Vasen waren mit dunkelrotem Muster verziert. Der Autor gibt aber nicht die Grundfarbe an[47].

Bei dem zweiten Grabungsversuch hat man keine bemalte Vase freigelegt, sondern nur Vasen mit eingeritzten Linien, jenen ähnlich, die weiter im Westen, in Balukhar *(Ba lu mk'ar)*, in Alchi etc. entdeckt worden waren, mit Motiven als Zickzack, als Leiter und anderen, die Blätter oder Kräuter darstellen können. In jedem Grab hat man mehrere Schädel gefunden, drei bis fünf oder zwanzig, vom Langschädeltyp, der von den Kurzschädeln abweicht, die in der heutigen Bevölkerung vorherrschen. Man hat auch Bronzegegenstände zusammengetragen, wie die länglichen *beads*, von denen einige die Größe und Stärke eines Fingers haben; Anhänger in Glockenform mit dreieckigen Löchern und einem Ring an der Spitze. Man hat auch *beads* aus Glaspaste gefunden, einige Bronzestücke, die von Francke als Spielgelscherben interpretiert werden, ein Siegel mit einem Kreuzmuster, das an jene in Iran erinnert, ein Bronzegefäß, Armbänder und sogar Eisenstücke: Francke glaubt, daß die Gräber annährend auf das Jahr 500 v. Chr. zurückgehen, aber es fehlen uns die Grundlagen dafür, seine Hypothese anzunehmen oder zu verwerfen.

Die Schlußfolgerungen von Francke sind sehr anfechtbar, und überdies erlaubt seine Beschreibung der gefundenen Gegenstände und der Gräber nicht, zu irgendeiner positiven Angabe zu gelangen. Indessen scheint es mir außer Zweifel, daß diese Funde, so wie Francke sie beschrieben hat, große Ähnlichkeit aufweisen mit denen, die in Swat und besonders an den Ufern des Indus gemacht worden sind. So können die letzteren den Dardanern zugewiesen werden, die, wie man weiß, dem Lauf des Indus folgend bis nach Leh eingedrungen sind, und vielleicht noch weiter in bestimmte Orte von Ladakh, wie in Khalatze *(K'ala rtse ?)*, Hanupat etc. Bis vor einigen Jahren (was heute ist, weiß ich nicht) sprach man dardische Dialekte zur gleichen Zeit wie Tibetisch oder Tibetisch mit dardischen Wörtern vermischt.

Ich unterschreibe auch nicht die von Francke vorgebrachte Hypothese, nach der es sich hier um Bestattungsriten handeln soll, die analog den noch heute gebräuchlichen sind, die darin bestehen, daß der Leichnam geviertelt und in Teile zerlegt wird. In so einem Fall sind die Knochen gebrochen und der Schädel bleibt nicht unversehrt. Wir sind, wie ich schon weiter oben gesagt habe, in einem Gebiet, das historisch mit Tibet verbunden ist durch Ereignisse, die in historischer Zeit (7. Jahrhundert n. Chr.) stattfanden, obwohl die endgültige Tibetanisierung von Ladakh mit dauerhafter Wirkung in einer viel späteren Zeit stattgefunden hat (9. Jahrhundert), außerdem ist die älteste ethnische Grundlage in Ladakh zum großen Teil nicht verwandt mit der von Tibet.

Roerich bezieht sich auf die Angaben von Francke, und auch er glaubt, daß diese Schädel Langschädel sind, während die Bevölkerung des modernen Ladakh kurzschädelig ist. Der Langschädeltyp würde sich, nach dem, was er beobachtet hat, an den Grenzen des eigentlichen Tibet finden, der Kurzschädeltyp herrscht dagegen in Mitteltibet, im Tal des Brahmaputra und in Südostasien vor. Roerich glaubt, daß die Gräber von Ladakh, die von der dort heimischen Bevölkerung Nomadengräber genannt werden, zu demselben Typ der nomadischen Bevölkerung gehören, das heißt Horpa. Das ist aber noch zweifelhaft.
Die kreisförmigen Gräber, die mit Steinen umgeben sind, kommen niemals in großer Zahl vor: gewöhnlich sind es drei oder vier wie in dem tibetischen Teil Nepals *(Abb. Nr. 40)*, in Schapgheding und in den von G. Roerich besuchten Orten[48]. Es ist interessant festzustellen, daß man in der Umgebung der letzteren Gegenstände gefunden hat, die mit dem, was man gewöhnlich mit *animal style* bezeichnet, und kleinen Pfeilen an der Seite verziert sind, wie jene, die Roerich veröffentlicht hat[49].

Ein weiteres Grab, von Steinen umgeben und von länglichem Grundriß, befindet sich auf großer Höhe bei dem Paß Dölma *(sGrol ma)*, nicht weit von Kailāsa. Man nennt es gewöhnlich «das Grab des Asketen». Ob es nun buddhistischer Herkunft ist oder nicht, so wird ihm in jedem Fall ein ganz besonderer Sakralcharakter beigemessen. Die Pilger bleiben hier stehen, reißen ein Stück aus ihren Kleidern und legen es hier hin als ein Zeichen ihrer Huldigung[50] *(Abb. Nr. 39)*.

Hier muß man noch andere zufällig gemachte Entdeckungen hinzufügen, über die ich keine genaueren Angaben sammeln konnte. Gelegentlich des Baus einer Straße bei Ghiamda *(rGya mda')* hat man ein Grab freigelegt, das die Reste des Toten enthielt, ich weiß nicht, ob mit oder ohne Vasen. Aber die Bedeutung besteht darin, daß **man** mit den Gebeinen einen kreisförmigen Türkis gefunden hat; ein ähnlicher Stein soll in einem Grab bei Naktschuka *(Nag c'u k'a)* gefunden worden sein. Ich nehme diese Angaben von H. H. Richardson[51]. Richardson vergleicht diese Kreise aus Türkis mit den ke ke ru, von denen die Chroniken von Tun huang[52] als ein Zeichen eines Offiziersgrades berichten. Jäschke gibt in seinem Wörterbuch folgende Definition: «weißer Edelstein», was vermuten ließe, daß es sich um etwas Analoges zu den Kreisen aus Jade handeln würde, die in den alten chinesischen Gräbern entdeckt wurden. Aber aus Mangel an genauen Angaben kann man nicht zu gesicherten Schlußfolgerungen kommen[53].

Eine andere Anlage megalithischer Art, obwohl man auch hier das Wort mit gewisser Vorsicht benutzen muß, ist der Kanzampaß, der nach Spiti führt. Es ist ein sehr breiter Paß, fast eine Art Plateau, auf dem Steine aufgestellt sind, die der Schnee größtenteils geneigt oder verschoben hat, aber von denen viele noch in situ sind. Es handelt sich nicht um lhatho *(lha t'o)*, die gewöhnlichen Steinhaufen, die man heute noch auf Paßhöhen errichtet, sondern um eine ausgedehnte, mit großen Steinplatten oder Blöcken bedeckte Fläche, die an die von Saga erinnert, auf die Roerich sich bezieht. In Fällen dieser Art darf man nicht den Bergkult vergessen, der einst eine der in Tibet am weitesten verbreiteten religiösen Ausdrucksformen war. Der Paß konnte gleichzeitig ein Sühneplatz sein für den, der ihn benutzte, und ein heiliger Ort für den Klan, auf dessen Gebiet er sich befand, und wo sich die Menhire befinden konnten, die für die Opfergaben und die jahreszeitlichen Feste dienten. Es ist nicht ausgeschlossen, daß die Anführer des Klans ihre eigenen Gräber in der Gegend hatten, da ihr Vorfahre mit dem Berg identifiziert wurde oder mit dem Gott, der *in illo tempore* von hier herabgestiegen war. Kurz, man kann an diesen Plätzen nicht die Koexistenz mehrerer Elemente ausschließen, die alle verschiedenen Zwecken dienen und zum Ausdruck eines einzigen, doch vielgestaltigen sakralen Charakters zusammenlaufen.

Während Pu und Garbyang ohne Zweifel Kultstätten sind, liegt der Fall bei den Steineinfriedungen anders: Die Nachbarschaft gleichartiger Steinkreise (man vergleiche die von Kafir oder von Laghman) sehr nah beieinander (wie zum Beispiel in Lo und Schapgheding)[54] läßt glauben, daß es sich da streng genommen um Begräbnisstätten handelt. Überdies hat man in Tibet bis in neuere Zeit *(Abb. Nr. 41, 42)* Steineinfriedungen zum Schutz der Toten gefunden, allerdings sind sie nicht rund.

Um einen Schluß zu ziehen, scheint es mir, daß man zwischen den Kreisen und Quadraten ohne doring *(rdo riṅ)* Säule und jenen, die eine haben, differenzieren muß. Man kann sehr wahrscheinlich die Steinkreise ohne Säulen für richtige Gräber halten. Aber erst, wenn man Ausgrabungen vornimmt, wird man darüber Bestätigung finden können. Das Vorhandensein eines doring oder eines Menhirs ergibt eine neue und veränderte Bedeutung: eine rituelle Bedeutung, die zum Beispiel die von Ḍalha *(dGra lha)*, Pu[55] oder der Menhir mit Opfergaben von Butter deutlich machen. Aber in diesem letzten Fall können das Vorkommen von Trankopfern und die Opfergaben von Butter nicht nur eine sehr alte Überlieferung fortbestehen lassen, sondern sich auch auf einen Brauch beziehen, der später wegen des den Denkmälern beigemessenen Wertes eingeführt worden war, deren Bedeutung man nicht mehr kannte. Außerdem weiß man nach den Chroniken von Tun huang[56], daß es üblich war, Steine zu errichten, wenn man jemandem Treue schwor oder wenn man einen Pakt schloß. Dies unterstreicht die Vielseitigkeit der Problematik, die man im Augenblick nur aufzeigen kann.

Es ist auch nicht ausgeschlossen, daß die in der Mitte des Kreises sich befindenden einzelnen senkrechten Steine *semata* sind, Zeichen, die dazu dienen, die Gräber selbst wiederzuerkennen, um hier regelmäßig Begräbnisriten abhalten zu können. Das Vorhandensein von *semata* auf Gräbern ist zum Beispiel für die prähistorischen und protohistorischen Nekropolen von Swat bezeugt.

Man sollte hier nicht die Kultorte der Bonpo vergessen. Um uns davon eine Vorstellung zu machen, können wir uns nicht auf die von heute stützen, die nach buddhistischem Muster geformt sind; sie hießen übrigens nicht *lhakang (lha kaṅ)*, sondern *sekhang (gsas k'aṅ)* (*gsas* ist ein Wort, das bei den Bonpo eine sakrale Bedeutung hatte). Wir wissen nicht, wie sie aussahen, aber nach den Überresten zu urteilen, die man vor allem in Khyunglung in Westtibet gefunden hat, den man für einen der geheiligsten Orte der Bon hält und wo der Gründer dieser Religion gelebt haben soll, muß der Tempel die Form eines Kreises gehabt haben[57].

Dies alles hat in Tibet das Vorhandensein einer megalithischen Frühkultur vermuten lassen, die aus dem Neolithikum hervorgegangen und zwei Wege gegangen sein müßte: einen quer durch den Schlauch der euro-asiatischen Steppe von Kokonor bis Mitteltibet und vielleicht bis Tsang *(gTsaṅ)*, den anderen bis Kaschmir und Spiti[58]. Das Material, das wir darüber haben, ist noch nicht bedeutend genug, daß es möglich wäre, Lösungen aufzustellen.

Die wichtigsten Tatsachen der Archäologie und der beste Datierungsfaktor sind, wie man weiß, die Vasen und die Keramik. Nun sind diese Materialien, die zur Aufstellung einer wenigstens annähernden Chronologie wertvoll sind, noch unbekannt, auf Grund der Tatsache, daß in Tibet noch nie wissenschaftliche Grabungen haben unternommen werden können. Wir haben gesehen, daß kein sicheres Merkmal der Keramik entnommen werden kann, die in Leh gefunden oder von Aufschnaiter entdeckt wurde.

Wir besitzen über die alte Keramik in Tibet weder andere Elemente, noch ausführlichere Genauigkeit. Es ist die heutige Keramik, die die Aufmerksamkeit der Reisenden und Wissenschafter auf sich gezogen hat, und nicht jene, die die Grabungen ans Licht gebracht haben. Natürlich ist es bei dem Traditionalismus der tibetischen Kunst möglich, daß sie auf alte Muster zurückgeht, aber die zahlreichen Kontakte mit den Nachbarländern und vor allem der Einfluß der Metallgefäße, die oft die Synthese von chinesischen und indischen Motiven sind, gestatten uns nicht, zu irgendwelchen Schlußfolgerungen zu gelangen[59].

Die Lepscha, die wir gesehen haben, glauben, vom Gebirge herabgestiegen zu sein, dachten, durch einen unterirdischen Gang[60] dorthin zurückzukehren oder zum Himmelsbogen mittels eines Turms zu gelangen. Ich habe von den Gefäßen, die dazu gedient haben sollen, einen solchen Turm zu bauen, und die auch tatsächlich gefunden worden sind, keine Exemplare gesehen und R. de Nebesky-Wojkowitz[61] ebenfalls nicht. Dennoch gibt dieser Autor eine Beschreibung (aber keine Skizze) nach einigen Typen, von denen er Kenntnis hatte. So wurden auch nach demselben Autor zu der Zeit, wo man die Hochebene von Daramdin zu bebauen begann, die Überreste eines Steinturmes[62] entdeckt. Ich zitiere, was er über die Keramik sagt:

«In der Mehrzahl handelt es sich um kleine Scherben mit bereits stark abgerundeten Bruchseiten, aus mit Glimmer durchsetztem Ton bestehend, der je

nach dem Grad der Brennung in der Farbe zwischen rötlichem Braun und Grauschwarz schwankt. Die Stücke rühren von Gefäßen verschiedenster Größe her, von dünnwandigen kleinen Schalen mit außen umgebogenem Rand, von größeren Behältern mit einer Wandstärke von mehreren Zentimetern.... Die weitaus größere Zahl der Funde zeigt keinerlei Verzierungen, und nur auf einigen wenigen Stücken sind drei dunkelfarbige, horizontal an der Außenseite des Gefäßmundes verlaufende Streifen bemerkbar, während ein einziges kleines Stück ein nur schlecht sichtbares eingeritztes und ungefärbtes Wolfzahnmuster aufweist.»

Eine andere Frage, auf die man Nachdruck legen müßte, wenn man bessere Exemplare kennen würde, wird durch die Felszeichnungen gestellt, die man in Ladakh und in Westtibet in Tsang sowie an den Ostgrenzen Tibets findet. Sie sind eingeritzt, indem man mit Hilfe von Steinen die Granitblöcke behauen hat und zeigen im allgemeinen Tiere, Steinböcke, Reiter, bewaffnete Menschen, die sich eine Schlacht liefern, und später Tschöten *(mc'od rten,* vergleiche hierzu S. 114*)*[63]. Einige sind von Widmungsinschriften begleitet, wie in Westtibet, die sich auf Grund ihrer Schreibung auf die erste Verbreitung der Lehre des Buddhismus zurückführen lassen. Aber es handelt sich um Denkmäler, die zu allgemein in Asien sind, als daß man zu gültigen Schlüssen gelangen könnte, was ihre Herkunft und ihre gegenseitigen Einflüsse betrifft.

HISTORISCHE ZEIT

II

Die Königsgräber

Diese Gräber bedürfen wegen ihrer Wichtigkeit einer gesonderten Studie. Die Tibeter selbst haben sie als obligatorischen Wallfahrtsort betrachtet. Sie befinden sich in Yarlung in der Nähe von Tschongghie *(a P'yoṅ rgyas)*. Mit ihnen treten wir in eine historisch genau definierte Zeit ein, weil sowohl die Überlieferung über sie völlig gesichert ist, als auch weil man hier Inschriften gefunden hat, die, wenigstens für einige von ihnen, ihre chronologische Lokalisierung bestätigen.

Ich habe diese Gräber 1948[64] besucht und ich habe über sie die erste Studie überhaupt veröffentlicht, auf die ich der Kürze wegen meine Leser bitte, sich zu beziehen. Weitere Studien sind danach von H.E. Richardson veröffentlicht worden, der während mehrerer Jahre der Vertreter der englischen Regierung in Lhasa war und in dieser Stadt blieb, bis Indien die Autonomie erhielt.

Das Hauptgrab ist jenes, das Songtsengampo *(Sroṅ btsan sgam po*, gestorben 649) gehört, der als «Bangsomarpo» *(Baṅ so dmar po)* bekannt ist. In der Nähe dieses Grabes erheben sich die Tumuli anderer Könige: Diese Gräber, die nach dem Sieg des Buddhismus das Ziel ständiger Pilgerreisen waren, sind Gegenstand neuerer literarischer Beschreibungen gewesen, aber einige ältere Texte erlauben auch die Bauweise abzuleiten, in der sie, oder wenigstens einige von ihnen, angelegt sind. Das Tumulusgrab des Songtsengampo *(Sroṅ btsan sgam po)* sowie die, die sich in seiner unmittelbaren Nähe befinden, liegen auf einem großen quadratischen Sockel, der vermutlich für die rituelle Prozession *(pradakṣiṇa)* diente, wie es jeder Sakralbau hat, oder um Bäume zu pflanzen, wie die chinesischen Chroniken zeigen[65]. Man sieht auf der Photographie *(Abb. Nr. 44)*, daß an der Stelle des Tumulus noch eine kreisförmige Mulde vorhanden ist, die vielleicht von den Grabschändungen der tibetischen Königsgräber zur Zeit des Khonscher *(K'on bžer)* im Jahre 866 herrühren. Das bestätigt, was wir aus Überlieferungen, die zwar nicht zeitgenössisch, aber wenigstens auf alte Quellen gestützt sind, folgern können, nach denen man zugleich mit dem Leichman des Königs viele sehr wertvolle Gegenstände begrub: Die Beerdigung fand nicht sofort nach dem Ableben statt, sondern am Ende eines Jahres oder mehr, die Zeit, in der die Mumifizierung (oder der Verfall des Fleisches?) in den dafür vorgesehenen Orten erreicht ist.

Das Grab des Songtsengampo enthielt 9 oder 5 Kammern[66], diese waren viereckig: In der Mittelkammer war der mit vergoldetem Material überzogene und in einem Silbersarg verschlossene Leichnam beigesetzt; ringsum waren die Gegenstände, die dem König gehört hatten, seine Kleider, seine Schätze, untergebracht. Auf einigen dieser Gräber, wie auf dem des Tidesongtsen *(K'ri lde sroṅ brtsan,* 755–797?), war ein Zentralstein errichtet *(Abb. Nr. 45).* Dieser Mittelstein, den man auf anderen Gräbern findet, hatte allerdings eine symbolische Bedeutung: Er stellte die *axis mundi* vor, versinnbildlichte die Vorstellung einer Verbindung zwischen verschiedenen Ebenen — der unterirdischen, der atmosphärischen und der himmlischen — und drückte so die Entsprechung Mikrokosmos — Makrokosmos aus, den Vergleich der Ähnlichkeit zwischen dem Haus des Herrschers (jetzt seinem Grab) und dem Weltall. Nach mK'yen brtse[67] befand sich auf dem Grab des Songtsengampo ein Basrelief aus seiner Zeit, das den König zeigte. Ich habe aber 1948 davon keine Spur gefunden.

Wenn ernsthafte Grabungen wieder möglich sein werden, werden sie sehr wahrscheinlich trotz der späteren Zerstörungen das bedeutende Problem der Architektur dieser Gräber, sowohl außen als auch innen, lösen. Es wäre sehr wichtig zu untersuchen, ob es wirklich eine Veranda davor gegeben hat oder vielmehr Kammern, die für die verschiedenen Zeremonien des Bestattungskultes bestimmt waren, die nach dem Tod des Königs in regelmäßigen Intervallen wiederaufgenommen werden. Die Überlieferung sagt, daß ein Minister *(Nanglön, Naṅ blon)* dauernd in der Nähe des Grabmals gewohnt hat[68].

Die Zeremonien waren, wie wir von den alten in Zentralasien entdeckten Ritualen wissen, sehr vielseitig: Man brachte Pferde- und auch Menschenopfer[69] dar, was eine diese Gräber ergänzende Sakralarchitektur vermuten läßt. Es ist wahrscheinlich, daß die Frevler, wie es bei den von den Russen (Grabungen von Rudenko) in Sibirien entdeckten Gräbern der Fall war, einzig die kostbaren Gegenstände mitgenommen haben und die am Ort zurückließen, die sie für belanglos hielten, die aber gleichwohl für die tibetische Archäologie von großer Bedeutung sein können.

Die anderen Gräber umgeben das des Songtsengampo. Bestimmte von ihnen tragen Inschriften, wie jenes des Ṭidesongtsen *(K'ri lde sroṅ btsan)*[70] *(Abb. Nr. 46)*. Auf der Säule des Grabes von Ṭidesongtsen sind Zeichnungen sichtbar, die durch die Bearbeitung der Oberfläche mit Hilfe eines Steins erreicht wurden: Sie stellen ein Hakenkreuz und ein in groben Zügen angedeutetes Gesicht dar. Es handelt sich indessen nicht um Zeichnungen aus derselben Epoche wie die Gräber, sondern eher um Malereien von Pilgern aus einer späteren Epoche. Der Brauch, Gräber und Tumuli mit oder ohne Mittelstein zu bauen, hat sicherlich nicht mit Songtsengampo begonnen. Er geht ohne Zweifel — wie eine nach meiner Meinung glaubwürdige Überlieferung besagt — auf die Zeit des Königs Ḍigumtsenpo *(Gri gum btsan po)* zurück, unter dessen Herrschaft die tibetische Religion und infolgedessen auch die Bestattungsriten beträchtliche Veränderungen durchgemacht haben. Das Grab dieses Königs soll in der Nähe von Yarlung sein, in einer Örtlichkeit, die Ngarpathang *(Nar pa t'aṅ)* genannt wird[71].

Man muß anmerken, daß diese Gräber einen besonderen Namen hatten, einen heiligen Namen, der gemäß den Königen sich änderte. Die Königsgräber lassen einen Bestattungsbrauch erkennen, der von dem ganzen Adel befolgt worden sein mußte. Bestimmte Familien, besonders die, aus denen die Könige ihre Frauen wählten, hatten eine besondere Bedeutung, und sehr oft machte ihr Klan den Königen die Macht streitig. Es besteht kein Zweifel, daß die Angehörigen dieser Familien ein Begräbnis erhielten, das denen der Könige entsprach: Hier ist ein weiteres Problem, daß die zukünftige tibetische Archäologie zu klären haben wird, indem sie andere Tumuli, die sich in der Umgebung von Yarlung, Lhasa etc. befinden, identifiziert und indem sie hier Ausgrabungen durchführt.

Unabhängig von den Gräbern und den Problemen, die sie aufwerfen, gibt es andere Dokumente aus der Zeit der tibetischen Dynastie. Ich will von den Inschriften sprechen, die in die Pfeiler eingemeißelt sind. Die tibetische Archäologie umfaßt daher ein besonderes, der Epigraphie gewidmetes Kapitel. Wir kennen schon mehrere dieser Inschriften, zum Beispiel die von Ṭidesongtsen *(K'ri lde sroṅ btsan)* oder die von Samye *(bSam yas)*, die ich veröffentlicht habe und die ein Edikt ist, in dem der König bestätigt, daß der Buddhismus als Staatsreligion angenommen ist *(Abb. Nr. 43, wiedergegeben nach TTK)*, oder jene von Khartschung *(sKar c'uṅ)* und von Tshurphu *(mTs'ur p'u)* etc. Die bekannteste dieser Inschriften ist die von Dschol *(Žol, Žol rdo riṅ)*, vor dem Potala von Lhasa. Sie gedenkt dem Vertrag zwischen *Mu tsung* und Titsukdetsen *(K'ri gtsug lde brtsan)* von 821–822[72].

Zwei andere Säulen, die Inschriften aus den Jahren 804–812 n. Chr. tragen, befinden sich im Kloster von Zhailhakhang *(Žva'i lha k'aṅ)*[73] und gehen auf die Zeit von Ṭidesongtsen zurück. Eine weitere, aus der Zeit des Ṭisongdetsen existiert auf dem Nordufer des Tsangpo in der Ortschaft Demosa *(bDe mo sa)*[74]. Außer den Inschriften auf den Denkmälern, die die Zeit überdauert haben, gibt es andere, offensichtlich verschwundene, deren Texte aber in literarischen Werken mit einer bemerkenswerten Genauigkeit bewahrt worden sind. Es ist nicht unwahrscheinlich, daß einige dieser Inschriften eines Tages wiederentdeckt werden.

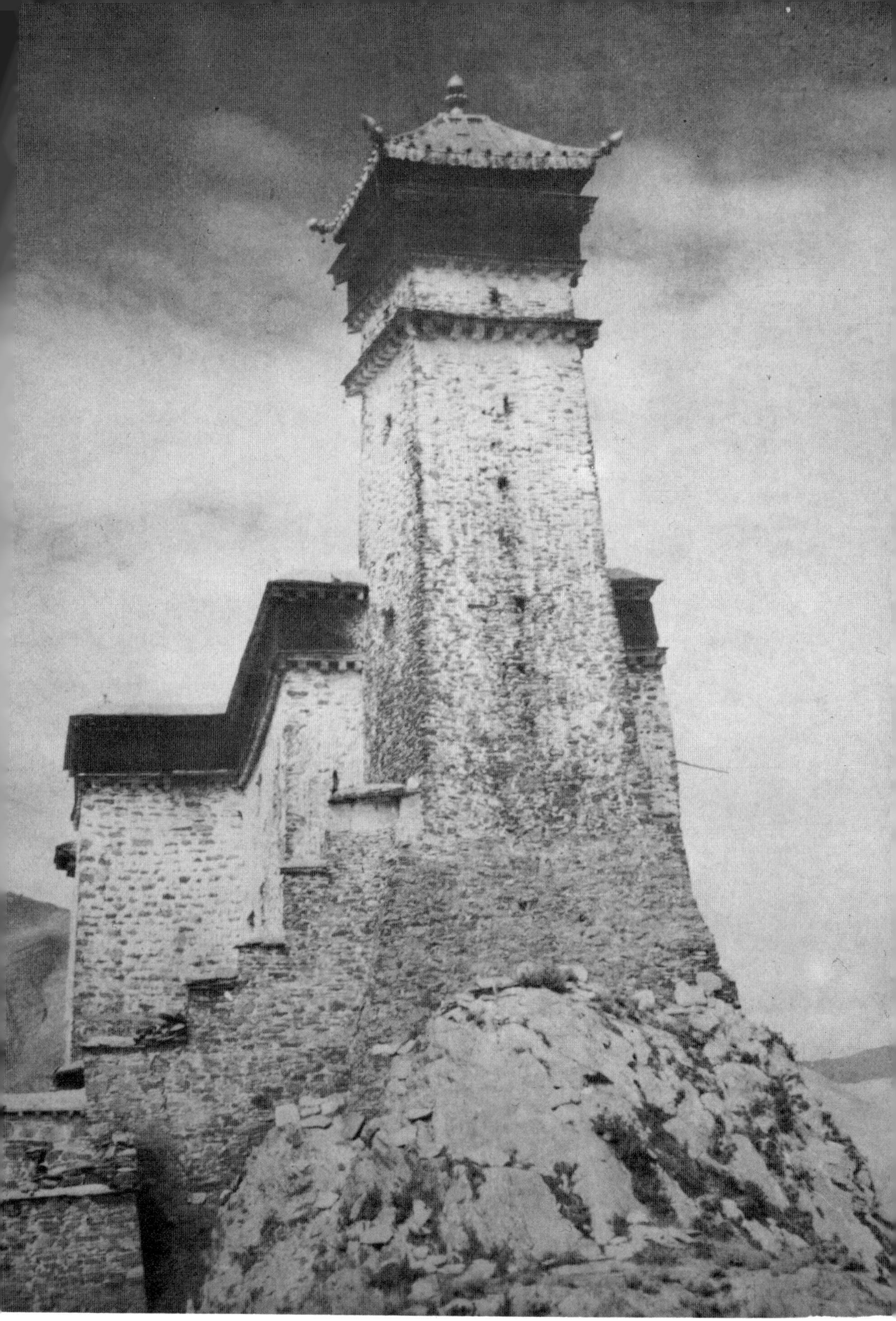

49

50

51 →

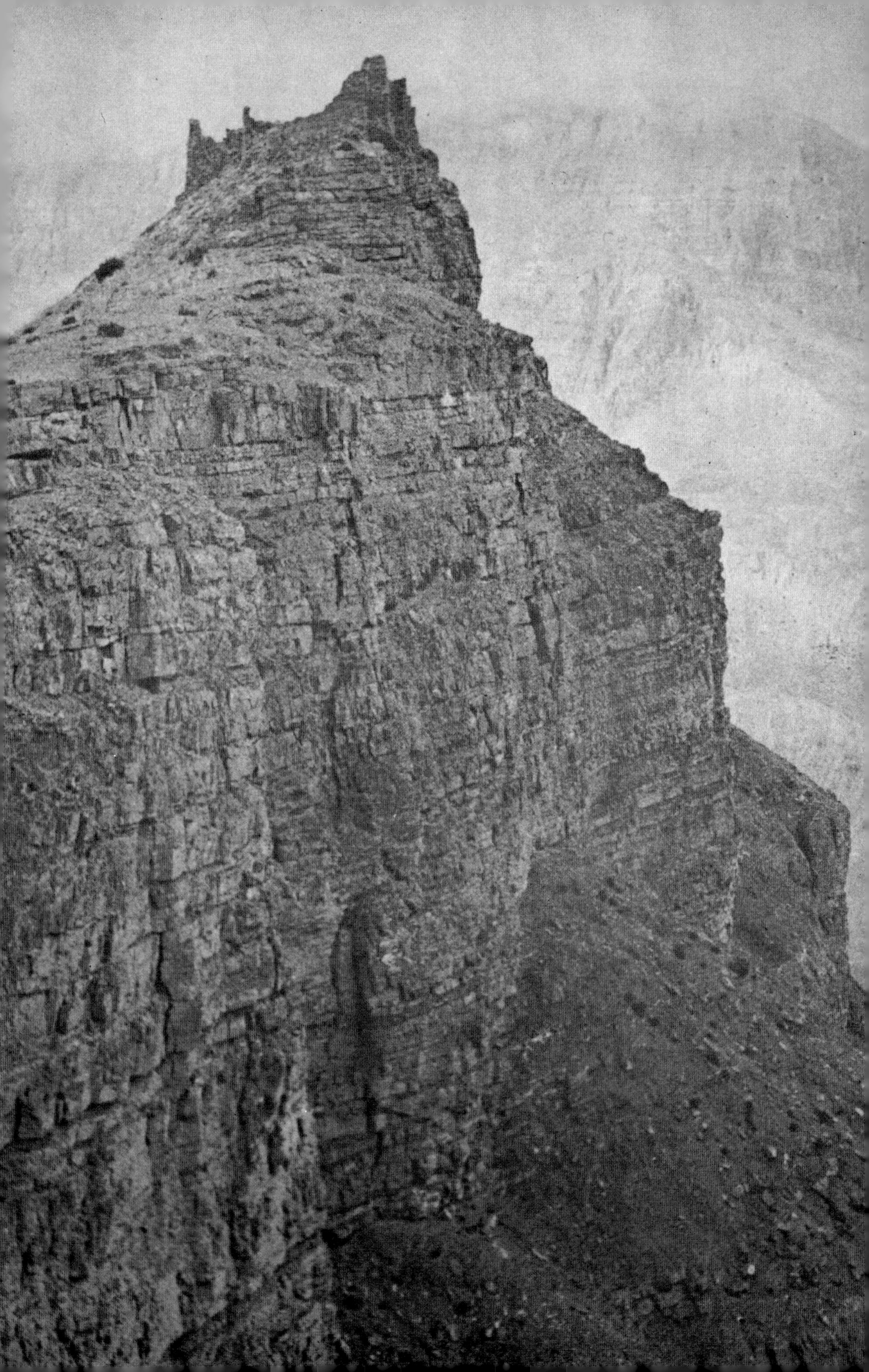

52, 53

54, 55

56, 57

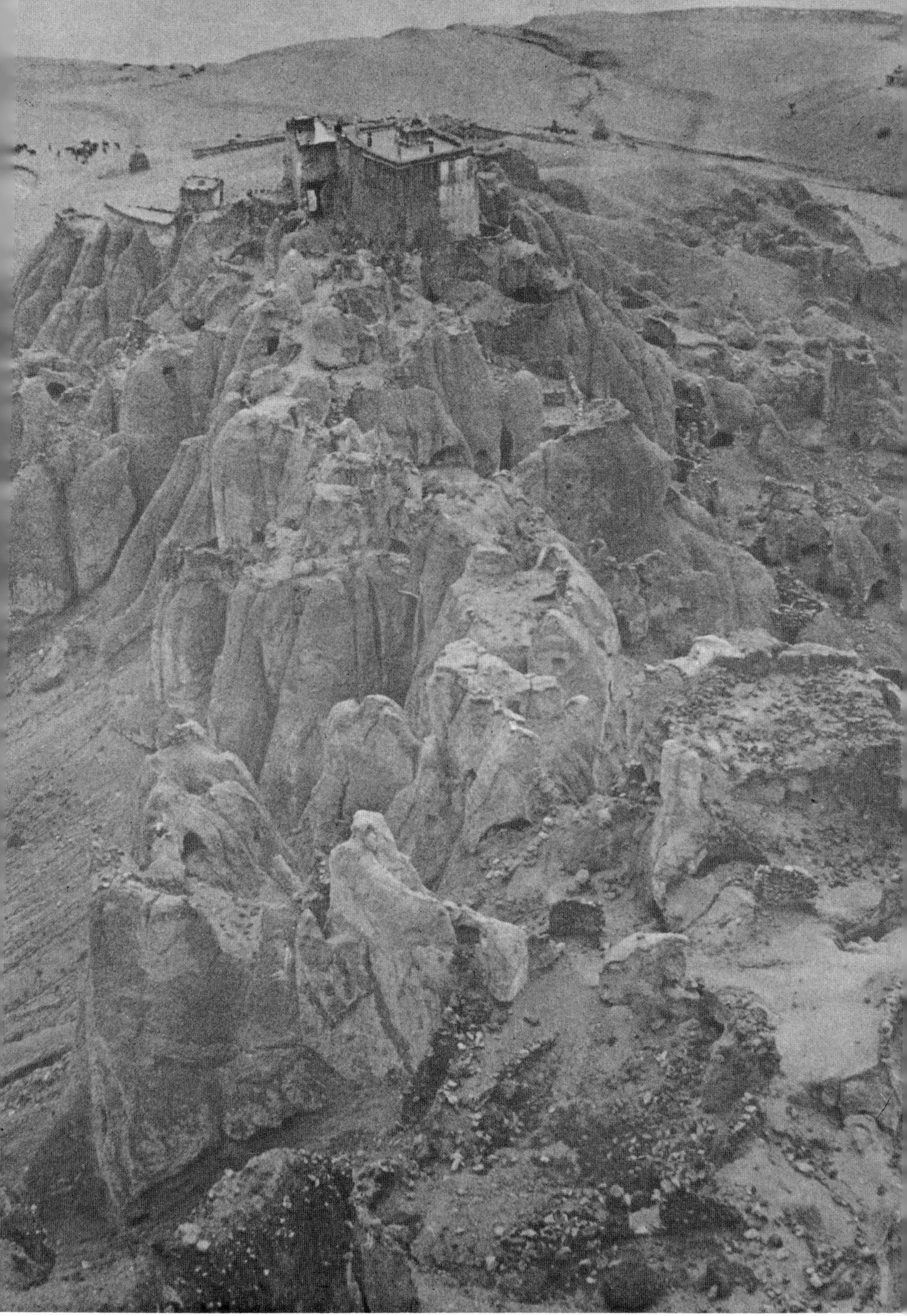

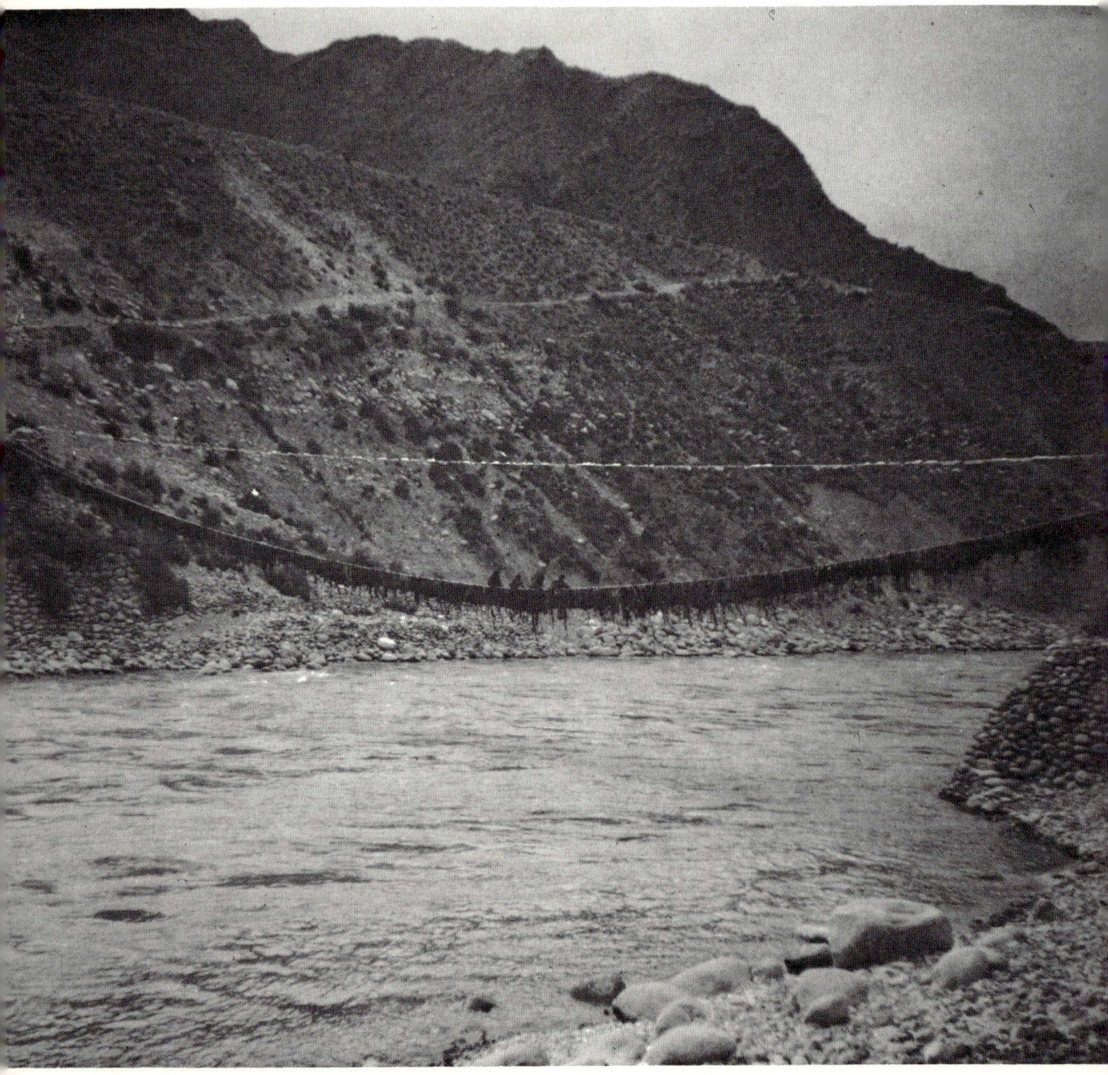

Weltliche und Militärarchitektur

Die tibetische weltliche und militärische Architektur hat eine langsame Entwicklung genommen nach der Stärkung der Dynastie und der Einführung des Buddhismus. Nach chinesischen Quellen führten die Tibeter in alten Zeiten in der Tat ein Hirten- und Nomadenleben, ohne festen Wohnsitz. Die Orte, wo sie ihre Zelte aufbauten, waren oft von Schutzmauern *(rva, ra)* umgeben, die der Prototyp des *tschak-ri (lcags ri)* sind, der «Eisenmauer», der Name, der den Einfriedungen gegeben wurde, die die Tempel oder die großen Klöster beschützen, und der unter dem Einfluß der Dogmatik des Buddhismus übernommen wurde: Dieselben chinesischen Quellen sprechen auch von Häusern mit Flachdächern, das heißt, daß sie nach dem Typ der heutigen Häuser gebaut waren[75], und daß sie manchmal eine Höhe von mehreren Metern erreichten. Wie aus diesen Texten zu entnehmen ist, lebten auch die Adligen in Zelten: Im Winter fanden sie Zuflucht in ihren Häusern, und im Sommer, wenn sie ihren mehr oder weniger nomadischen Untertanen und den Herden auf den Hochebenen folgten, zelteten sie. Wie man heute noch in den Ruinenstädten von Tsaparang und Phyang feststellen kann, besaßen die Könige und die mächtigsten Familien große Schlösser *(sku mk'ar*, oder einfach *mk'ar)*: Gemäß der Bon-Überlieferung, das heißt, der Religion, die schon vor dem Buddhismus da war, hatte jeder König seinen eigenen Palast; derjenige, der beim Tod des Königs dessen Nachfolger wurde, gab den Wohnsitz des Verstorbenen auf und ließ sich ein neues Schloß bauen, ebenso wie er einen neuen Minister und einen neuen Oberpriester ernannte.

Da die Dynastie in Yarlung entstanden war, ist es nicht verwunderlich, daß man in eben diesem Gebiet Überreste von einigen Bauwerken findet, die die ältesten und berühmtesten Tibets sind. Es ist vor allem Umbulakhar *(Yum bu lha mk'ar;* in den Chroniken von Ladakh auch *Yum bu gla sgam, Um bu rdsaṅs mk'ar) (Abb. Nr. 48),* das von einem vielleicht nicht ganz legendären

König zu der Zeit gebaut worden sein müßte, in die man die ersten Spuren des Erscheinens des Buddhismus in Tibet zurückführt. Dieses Schloß existiert noch wie alle in der religiösen Überlieferung verankerten Orte — aber auch wegen seiner Lage: man sagt sogar, es handele sich um die Stammburg. Der sehr schlanke Turm wird von einem Dach in der Art der Pagoden *(rgya p'ugs)* gekrönt und erhebt sich stolz über niedrigeren Bauten.

Während meiner Forschungsreise 1948 habe ich dieses Schloß besucht und es eingehend untersucht. Ringsum sieht man Spuren von Ruinen, die an viel bedeutendere Bauwerke denken lassen, die auf dem Sporn des felsigen Hügels errichtet waren. Das Bauwerk besteht aus rechteckigen Steinen, die teilweise mit Lehmmörtel zusammengehalten werden; aber es gehört auf jeden Fall einer späteren Zeit an als der, der ihm von der Überlieferung zugeschrieben wird. Durch Kriege oder durch den Zahn der Zeit zerstört, wurde es danach zweifelsohne mehrmals wiederaufgebaut, immer an derselben Stelle — vielleicht wegen der Überlieferung, die damit verbunden war, vielleicht auch, weil die Stelle, auf der es errichtet war, die beste für einen Wachtturm war, der das Tal überschaut. Das ist eine Bauweise, die man auch in Tschingpataktse (P'yiṅ pa sTag rtse) antrifft, die die Hauptstadt der Könige von Yarlung war, in der Nähe des heutigen Tschongghie. Es handelt sich im vorliegenden Fall um eindrucksvolle Überreste; Türme, die zur Verteidigung der Wohngebäude bestimmt waren, geschützt durch sehr hohe Mauern, alle gebaut aus grob behauenen Steinen und auch aus ungebrannten, an der Sonne getrockneten Ziegeln, wie man sie in ganz Zentralasien, in Afghanistan und in Iran benutzt, das heißt in den Ländern, wo das trockene Klima dieser Bauweise Haltbarkeit und Festigkeit verleiht.

Die Verteidigungs- oder Wachttürme, die auch zum Signalisieren in Kriegszeiten benutzt wurden, gehen bis in sehr alte Zeiten zurück. Sie werden schon in den chinesischen Quellen[76] behandelt, die besagen, daß das Land damit buchstäblich übersät war, denn diese Türme waren in einem Abstand von einem zum anderen von jeweils 100 *li* (576 m) errichtet worden.

Seit Songtsengampo, der der eigentliche Begründer der tibetischen Macht war, nahm die Architektur einen Aufschwung, von dem wir uns unglücklicherweise nur nach der literarischen Überlieferung und an Hand der Überreste eine Vorstellung machen können. So schreibt die Überlieferung dem Monarchen den Bau eines Palastes mit neun Etagen in Phaongkha *(P'a bon k'a)* zu[77]. In der Umgebung von Samye befinden sich Ṭakmar (aBrag dmar), wo Ṭisongdetsen *(K'ri sroṅ lde brtsan)* geboren wurde, und Yamalung *(gYa' ma luṅ)*[78]; nicht weit von Samye erhob sich Surkhar *(Zur mk'ar,* auch *Zuṅ mk'ar* geschrieben*)*, eine königliche Residenz; und gleich über dem Kloster von Samye: Has po ri. Aber diese Plätze sind alle zerstört. Die fünf Tschöten, die bei Surkhar errichtet sind, um daran zu erinnern, daß sich hier nach der Überlieferung der König und Padmasaṃbhava getroffen haben, sind offensichtlich zu einer nicht genau bestimmbaren Epoche erneuert worden. Der Marpori *(dMar po ri)* in Lhasa müßte auf Anordnung von Songtsengampo erbaut worden sein und hatte neun Etagen; Uschangdo *(U šaṅ rdo* oder auch *On caṅ rdo)*, wo es auch einen Tempel gab, wurde von Ṭidesongtsen *(Kri lde sroṅ brtsan)* begonnen und von Repatschen *(Ral pa can)* beendet; es hatte neun Etagen. Die Wissenschaftler müssen deshalb, wenn Tibet wieder zugänglich sein wird und die Chinesen sich wieder für die Archäologie dieser Gegend interessieren, ihre Aufmerksamkeit auf alle Gebiete um Yarlung, Samye und Lhasa richten. Im Augenblick müssen wir uns auf diese sicheren Angaben beschränken; aber wir haben weder Pläne noch Verzeichnisse oder genaue Angaben über die Bausysteme, die im Laufe der verschiedenen Perioden übernommen wurden.

Wenn man sich den Antagonismus zwischen China und Tibet vergegenwärtigt und die Streitigkeiten, die zur Zeit der Dynastie oft die königliche Familie und die Aristokratie gegeneinander stellten, dann die Kämpfe zwischen den Familien, die sich Land und Weide streitig machten, das Auftreten einiger örtlicher Vorherrschaften und später die Klosterfehden, dann begreift man eher die Tatsache, daß sich in Tibet eine Militärarchitektur entwickelt hat, Wohnburgen mit Türmen und Verteidigungsanlagen, von denen man bald hier, bald dort Überreste findet *(Abb. Nr. 50, 51, 52)*[80]. Man sieht noch besonders auf Abhängen oder auf dem höchsten Punkt der Pässe Reste dieser runden *(Abb. 53)* oder meistens viereckigen Türme, die den Eingang eines Engpasses bewachen oder ein Tal überschauen. Es waren Wachttürme an den Grenzen der Territorien, die den bedeutendsten Familien in der unruhigen Zeit gehörten, die dem Sturz der tibetischen Dynastie folgte und die dauerte, bis sich die Oberhoheit der großen Klöster durchsetzte (12.–13. Jahrhundert), oder es waren auch Verteidigungstürme richtiger kleiner Potentaten, wie zur Zeit der Sakyapa, als Tibet unter die nominelle Herrschaft der Mongolen gelangte, danach unter die der Phagmoṭupa *(P'ag mo gru pa)*.

Nehmen wir als Beispiel den Turm, den Milarepa auf Anordnung Marpas baute, obwohl, wie es Wylie gezeigt hat, die spätere religiöse Überlieferung die wirklichen Motive, praktische und territoriale Gründe, die die Errichtung bestimmt hatten, fromm verborgen hat. Es handelt sich um einen Turm, der nach drei aufeinanderfolgenden Versuchen — Turm mit Laubengang, Rundturm, halbkreisförmiger Turm — schließlich viereckig wurde. Er heißt sekharguthok *(sras mk'ar dgu t'og)* *(Abb. Nr. 49)*[81] und müßte neun Etagen[82] gehabt haben wie das Königsschloß in Ladakh, das jedoch aus einer viel späteren Zeit als von Seṅ ge rnam rgyal stammt, etwa 1640–1645. Man kann Proben von Rundtürmen in anderen Gebieten Tibets sehen, zum Beispiel in Penam *(sPa rnam oder snam)* *(Abb. Nr. 52)*.

Heute ist Tibet übersät mit solchen Ruinen *(Abb. Nr. 56, 57)*, von denen es erst möglich sein wird, die Epoche zu bestimmen, nachdem man ernsthafte Grabungen unternommen und Gegenstände freigelegt hat, die dazu geeignet sind, ihre Datierung zu erlauben. Sie sind alle auf die gleiche Art und Weise gebaut, aus rechteckigen Steinblöcken ausgefugt mit Lehmmörtel oder aus unförmigen Felsen, die zusammengekittet sind *(Abb. Nr. 57)*. In dem

Maße, wie die Zeit vergeht, werden die Blöcke immer weniger sorgfältig gekantet, aber in den Zwischenräumen fügen sich Brocken ein, die vom Grobschliff des Steines herrühren, und eine verstärkte Dicke der Mauern gibt dem Bauwerk Festigkeit. Es gibt jedoch auch eine andere Bauweise, die große Erdblöcke benutzt, die an der Sonne gehärtet werden, nachdem man Stroh daruntergemischt hat. Diese Blöcke sind manchmal länger als 1 m und dicker als 50 cm.

Die Bedachung von Sekhar *(sras mk'ar)* von Marpa, ebenso wie die des Turms von Umbulhakar, ist, wie ich oben erwähnte, im chinesischen Pagodenstil *(rgya p'ugs)* erbaut. Aber es handelt sich hier um eine Bauweise, die in den erhalten gebliebenen Bauwerken nicht vor der Zeit der Sakyapa bezeugt scheint.

Die Beispiele für Bauwerke mit Apsis sind auch sehr zahlreich. An erster Stelle nenne ich den lhakang von Jampe, von Samye (man muß hier an den Tempel von Sirkap von Taxila erinnern) und einen anderen in Kampadsong *(sGam pa rdson)* *(Abb. Nr. 55)*, ein halbkreisförmiges Bauwerk, wie es der Turm von Marpa in einer seiner Phasen war. Der Bau der Schlösser war natürlich weniger sorgfältig als der der Tempel *(Abb. Nr. 57)*[83]. Aber es ist unleugbar, daß der ausgewählte Standort und die Ausmaße der Gebäude einen Eindruck von großer Macht geben, vor allem wenn man die Mittel berücksichtigt, über die man zu jener Zeit verfügte, um Kriege zu führen *(Abb. Nr. 56–58)*.

Die Technik, die wir sehr annähernd als Ghandarakunst bestimmen können, erscheint in einigen Tschöten in der Umgebung von Tholing und in anderen Orten Westtibets: außen gut bearbeitete unregelmäßige Blöcke, die in geradlinigen Schichten angelegt sind und mit anderen rechteckigen Steinen von verschiedener Länge, aber von fast gleicher Höhe abwechseln. Die Zwischenräume, die sich bei dieser Bauweise bilden können, werden mit

Hilfe von flachen Steinen und Geröll zugeschüttet. Das ist ein System, das für die großen Bauwerke lange in Gebrauch bleiben wird. Wenn man die ungebrannten, an der Sonne getrockneten Lehmziegel gebrauchen wird, wird die Grundmauer fast immer aus Steinen bleiben. Dagegen sind die ungebrannten Ziegel bei Bauwerken, die ganz damit gebaut sind *(Abb. Nr. 54)*, gegeneinander angeordnet, so daß sie sich vollkommen in aufeinander gelagerten Schichten aneinander anpassen. Manchmal wechseln die Reihen aus Ziegeln mit einer Schicht aus Steinen und Geröll ab. Über den Schloßmauern findet man Schießscharten in Form von Dreiecken *(Abb. Nr. 50)*. Man darf nicht die Brücken vergessen, die manchmal aus Holz sind und die man in Englisch cantilever bridge nennt, oder die Hängebrücken, Wunder an Kühnheit *(Abb. Nr. 59)*.

Die Tempel

Obwohl sie im Laufe der Jahrhunderte umgebaut, zerstört oder wiederaufgebaut worden sind, scheint es, daß die ersten Tempel nicht von großen Ausmaßen gewesen sind. Sie waren im ganzen denen sehr ähnlich, die wir zur Zeit der Renaissance des Buddhismus wiederfinden werden, etwa im 10.–11. Jahrhundert. Nach der von den Tibetern allgemein angenommenen Überlieferung, die aber meiner Meinung nach nicht zuverlässig ist, würden die zwei ältesten Tempel der Thulnang *(aP'rul snan)*, der von der nepalesischen Gemahlin des Songtsengampo (gestorben 649) erbaut wurde, und der Ramotsche *(Ra mo c'e)* sein, der von seiner chinesischen Gemahlin errichtet wurde. Was immer auch die Epoche ihrer Gründung war, obschon der Thulnang in den Inschriften, die von einer tibetischen Quelle angeführt werden[84], ohne Gründernamen erscheint, während von dem Ramotsche gesagt wird, daß er von der Chinesin erbaut worden sein soll, was nach meiner Meinung bedeutet von der Prinzessin King-tschen, der Gemahlin des Vaters von Tisongdetsen (755–797?), besteht kein Zweifel, daß diese Tempel im Laufe der Jahrhunderte Restaurierungen erfuhren, die ihre ursprüngliche Form verändert haben. Der von Katse *(sKa ts'al)* in Maldo *(Mal gro)*[85], der ebenfalls der nepalesischen Gemahlin des Songtsengampo zugeschrieben wird, ist klein; ebenso der von Keru[86], Thantuk *(K'ra abrug)*[87], auch Songtsengampo zugeschrieben. Aber in diesem Falle, wie auch bei dem Ramotsche, ist es möglich, daß der Bau seinem Nachkommen Tisongdetsen zugeschrieben werden muß. Wie es auch sei, alle diese Tempel sind zu den ältesten Sakralbauten Tibets zu zählen, selbst wenn sie nicht in ihrem ursprünglichen Zustand erhalten sind.

In einer kleinen von den Chinesen veröffentlichten Schrift[88] sind zwei Holzplatten wiedergegeben, von denen die eine einen Elefanten zeigt (eins der sieben Kleinode, der traditionelle Schmuck der buddhistischen Ikonographie) und die andere eine Episode aus dem Leben Buddhas: der Bodhisattwa, der ausreitet, begleitet von einem Diener, der einen Sonnenschirm trägt. Diese kostbaren Fragmente sind in dem entsprechenden Buch grob als zur Epoche T'ang gehörend datiert. Ich selbst habe versucht, sie zu photographieren, aber mein Photograph war ein nicht sehr in der Materie erfahrener Sikkim, und das Licht war mehr als nicht ausreichend. Er machte es so gut er konnte, indem er sich mehrerer Petroleumlampen bediente. Aber das Ergebnis war nicht sehr großartig. Trotzdem veröffentliche ich hier wegen der großen Bedeutung des Dokuments einen Ausschnitt *(Abb. Nr. 109)*: Er zeigt den Bodhisattwa, der, nachdem er sein prunkvolles Leben aufgegeben hat, sich die Haare schneidet. Ein anderer nicht in diesem Buch veröffentlichter Ausschnitt zeigt dieselbe Person so sehr in die Meditation vertieft, daß zwei Kinder ihm Strohhalme in die Ohren stopfen, ohne daß es ihnen gelingt, ihn abzulenken. Aber das Wichtigste ist, daß diese Holztafeln eine Inschrift tragen, die aus paläographischen Gründen dem 12. Jahrhundert zugeordnet werden muß. Der Name des Königs ist unglücklicherweise unleserlich. Die Inschrift jedenfalls beweist unbestritbar, daß wir hier ein nepalesisches Werk vor uns haben, das nichts mit China zu tun hat. Wir haben wenigstens Kenntnis von einer Verschönerung des Jokhang: Es geschah durch die Großzügigkeit und Frömmigkeit eines westtibetischen Königs, Ripumalla, der das Ütok *(dbu t'og)* des Jokhang aus Gold machen ließ. *Dbu t'og* kann entweder die Bedachung oder eine überhöhte Etage bedeuten. Ripumalla lebte gegen Ende des 13. Jahrhunderts[89]. Das schließt nicht aus, daß bald nach der Entstehung des Buddhismus andere buddhistische Fürsten aus der Nachbarschaft Tibets die Idee gehabt haben können, den Tempel zu vergrößern oder sogar wiederherzustellen.

Der Fall des Jokhang in Lhasa ist noch schwieriger. Die Statue, die dieser Tempel enthält, scheint mir nichts mit dem Original gemeinsam zu haben, das sich ursprünglich im Ramotsche befand. Aber der Tempel bewahrt noch ohne Zweifel einen alten Teil, den Mittelteil, obwohl er Hinzufügungen unterlag. Wenn man aufmerksam die Kapellen, die die eigentliche Cella umgeben, betrachtet, kann man deutlich Spuren von sehr alter Malerei erkennen, obwohl sie zum großen Teil durch neuere Malereien überdeckt oder verborgen sind, von denen einige auf die Epoche des 5. Dalai-Lama (1617–1682) oder des Sanghgeggatsho *(Saṅs rgyas rgya mts'o*, der 1679 zum Regenten gewählt wurde*)* zurückgehen. Die Apsaras, die auf den Kapitellen dargestellt sind, haben nichts Chinesisches und scheinen zu den Künstlerschulen der Länder zu passen, die an Kaschmir grenzen, vielleicht Swat, Kulu oder Schambā, alles Gegenden, wo die Holzarbeiten eine lange Tradition haben. Man kann dasselbe auch von der Holztür sagen, selbst das Gebälk mit Tier- oder Menschenköpfen paßt zu derselben Tradition[90] und findet seine Parallele in Iwang[91]. Das scheint zu bedeuten, daß entweder mehrere aufeinanderfolgende Phasen in dem Bauwerk vorhanden sind, oder die gleichzeitige Anwesenheit von Handwerkern, die aus verschiedenen Ländern kamen oder nach den künstlerischen Gewohnheiten der entsprechenden Länder ausgebildet waren.

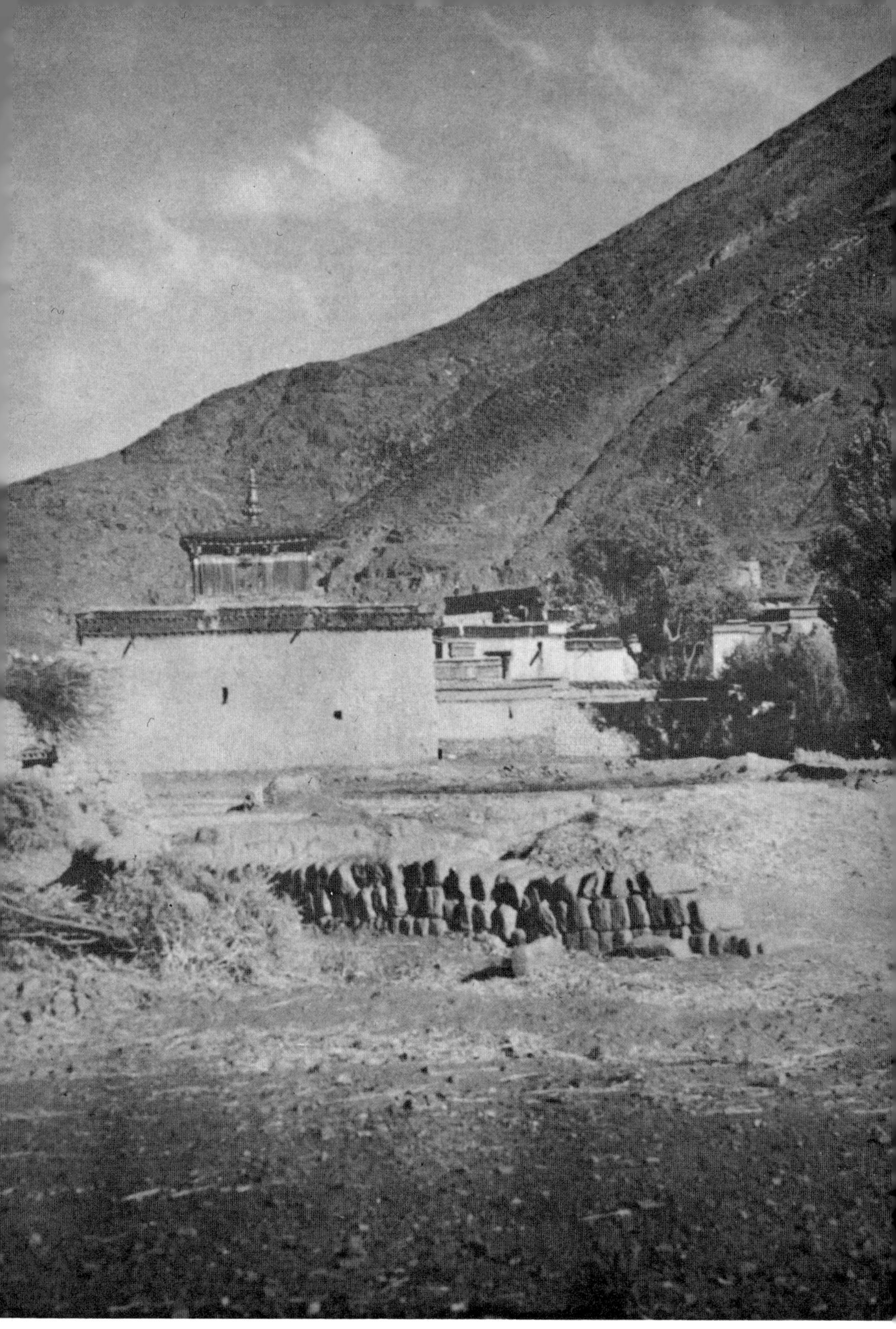

61, 62

63, 64

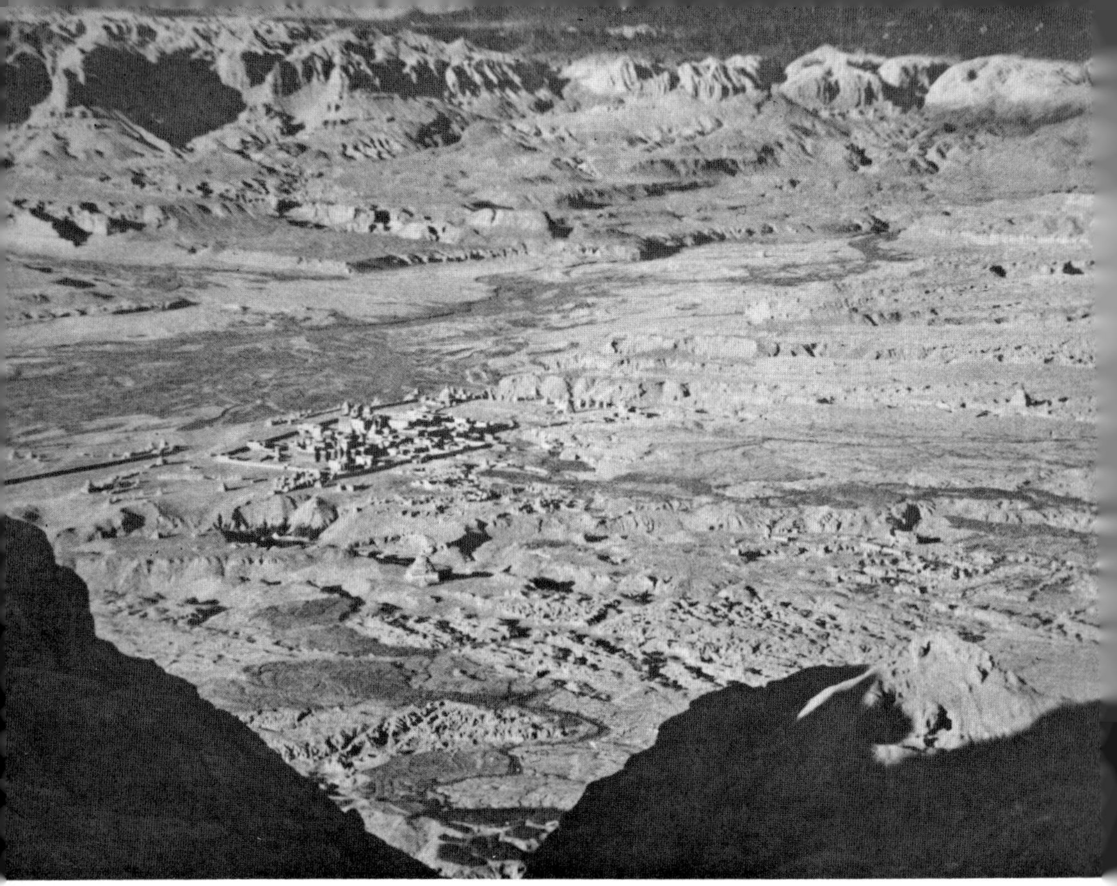

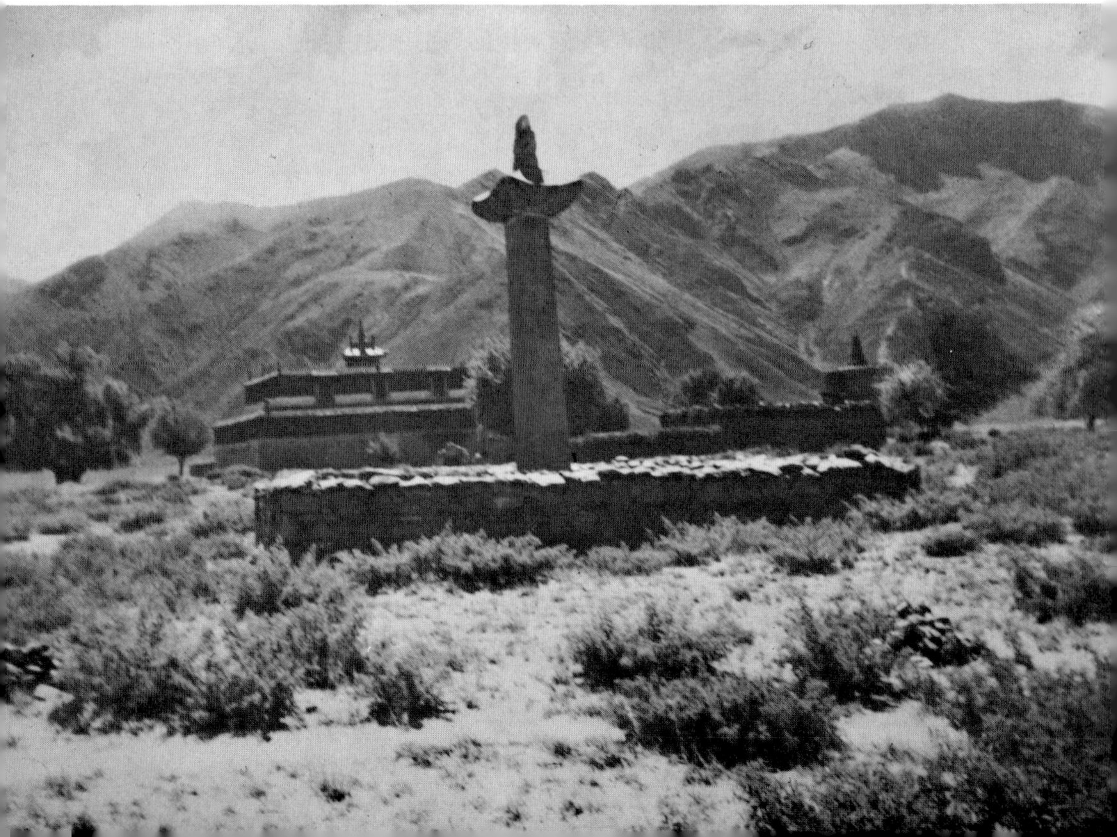

← 65

← 66

67

68 ↑ 69 70

71, 72, 73

74

Die Chinesen haben eine Statuengruppe photographiert[92], die Songtsengampo und die zwei Königinnen, die nepalesische und die chinesische, zeigt, die sich mit leichten Abweichungen entweder im Jokhang oder im Potala befinden, die aber zu keinen bestimmten künstlerischen Strömungen passen; und die Tibeter selbst betrachten diese Statuen als Werke übernatürlicher Schöpfung. Aber es scheint mir nicht fraglich, daß wenigstens eine von ihnen bemerkenswerte Ähnlichkeit mit einer Statue zeigt, die früher — ich weiß nicht, ob der Tempel heute noch steht, denn, als ich ihn besuchte, war er schon am Verfallen — in Tiak stand *(Abb. 69)*[93], einer Gründung von Rintschensangpo in Westtibet. Eine gewisse Verwandtschaft mit den Überferungen von Kaschmir (Uschkur) scheint mir nicht ausgeschlossen. Es ist wie ein entferntes Echo von bestimmten gandharischen Stuckarbeiten[94], eine mögliche Bestätigung von dem, was uns die literarischen Überlieferungen übermittelt haben, zu wissen, daß die westtibetischen Könige an der Erweiterung oder sogar an dem Wiederaufbau der Tempel von Lhasa nicht unbeteiligt waren. Dieser Wiederaufbau kann schon zu einer früheren Epoche als der des Ripumalla stattgefunden haben und nach einer Periode des Verfalls, die ungefähr eine Generation dauerte, mit einer Erneuerung des buddhistischen Glaubens zusammengefallen sein.

Ein anderer Platz, der ernsthafte Forschungen erfordert, ist die Umgebung von Lhasa sowohl rechts als auch links des Flusses Kyitschu *(sKyid c'u)*. Außer den Tumuli, von denen man gesprochen hat, ist es geboten, die Tempel von Kartschung *(sKar c'un)*, die von Ṭisongdetsen und Repatschen erbaut und die beide zerstört und wiederaufgebaut wurden, sorgfältig zu untersuchen. Auf einer Stele in Kartschung befindet sich eine Inschrift aus der Zeit der Gründung, eine Inschrift, die eine große historische Bedeutung erhält[95]. Weiter entfernt, aber ebenso auf dem linken Ufer des Kyitschu *(sKyid c'u)*, befindet sich ein anderer berühmter Tempel: Uschangdo, gegründet von Repatschen, dann restauriert. Drum herum erheben sich vier Tschöten, die nicht so aussehen, als ob sie sehr alt sind, aber die vielleicht

Überreste von älteren Monumenten überdecken. Die zwei Säulen *(rdo riṅ)* des Tempels, eine außerhalb und eine im Inneren *(Abb. Nr. 66, 67)* tragen keine Inschrift. In der Nähe des Zusammenflusses des Kyitschu und des Tsangpo befindet sich ein anderer bedeutender Ort: Sinpori *(Sriṇ po ri)*, den die Überlieferung einem berühmten indischen Meister namens Vibhūticandra[96] zuschreibt. Es ist vom ursprünglichen Bau nur ein Pfeiler ohne Inschrift und eine sehr schöne Steinlampe übriggeblieben.

Natürlich läßt das, was für die Tempel der ersten und zweiten Periode der Einführung des Buddhismus gesagt worden ist, einige Ausnahmen zu. Zwei der bedeutendsten betrifft die Tempel Samye *(Abb. Nr. 63)* und Tholing *(Abb. Nr. 65)*. Der erste wurde von Ṭisongdetsen erbaut, als der Buddhismus zur Staatsreligion erklärt wurde, und das Edikt, das dieses Ereignis verkündete, wurde in einer Kurzfassung auf eine Säule geschrieben, vor dem eigentlichen Tempel[97] *(Abb. Nr. 43, nach TTK)*. Der zweite befindet sich in Westtibet, und dieser wird später behandelt werden. Man besitzt von dem ersten eine ziemlich alte Beschreibung, wenn nicht sogar aus der Zeit der Errichtung selbst: Es ist ein umfangreicher Komplex von mehrstöckigen Gebäuden, mit acht Bauten rund herum in Richtung der Himmelsrichtungen und der Zwischenpunkte. Die acht das Hauptgebäude umgebenden Bauten bedeuten offenbar die acht Kontinente — 4 große und 4 kleine — der buddhistischen Kosmologie, die um Jambudvīpa angeordnet sind, wo wir wohnen und wo der Buddha Sākyamuni geboren wurde. Anders ausgedrückt, die Hauptidee, die den Bau von Samye inspiriert hat, ist, einen Mikrokosmos darzustellen, der die Projektion des Makrokosmos ist, und folglich mit der Absicht, die alte Welt, die durch Mächte beherrscht wurde, die die Einführung des Buddhismus für dämonisch hielt, durch eine neue Welt zu ersetzen, in deren Mittelpunkt in den religiösen Zeremonien sich der Tschöghiel *(C'os rgyal)*, der «König nach dem Gesetz» befand, der König, der den Buddhismus eingeführt hatte, Ṭisongdetsen. An den vier

Ecken erheben sich vier Tschöten in verschiedenen Farben, die von vier Ministern erbaut wurden.

Das ganze Gebiet, das Samye umgibt, muß deshalb als eins der bedeutendsten für die Archäologie in Tibet angesehen werden, obwohl die Wechselfälle der Zeit und vor allem eine Feuersbrunst einen großen Teil des Tempels, so wie er ursprünglich war, vernichtet haben. Die tibetische Überlieferung meint, daß zahlreiche alte Tempel nach indischen Vorbildern gebaut worden sind: Ramotsche nach dem Vorbild von Vikramaśīlā, Samye und Tholing nach dem von Otantapuri, und sogar Depung *(ạBras spuṅs)*, der jedoch aus einer späteren Epoche stammt, nach dem Vorbild des nicht weniger berühmten Dhānyakaṭaka. Die Quellen sprechen auch von einem gleichzeitigen Vorkommen verschiedener Stile in ein und demselben Bauwerk: Im Tempel von Samye (und in dem Palast mit 9 Etagen des Mutiktsenpo. *Mu tig btsan po*, in der Nähe desselben Ortes) müßte jede Etage von aus verschiedenen Ländern gekommenen Handwerkern erbaut worden sein oder nach verschiedenen Stilen: tibetisch, chinesisch, khotanisch, indisch. Aber dies bezieht sich wahrscheinlich auf die Statuen und möglicherweise auf die Wandmalerei, die jede Etage schmückte[98]. Erst zuverlässige Ausgrabungen werden ermöglichen, zu überprüfen, ob diese Überlieferung auf etwas gegründet ist, jetzt da uns Paharpur gut bekannt ist.

Nach der Buddhistenverfolgung durch Langdarma *(Glaṅ dar ma*, gestorben 842*)* hat Tibet sehr unruhige Zeiten gesehen; aber der Buddhismus lebte an den Ostgrenzen weiter und nahm in Westtibet dank Rintschensangpo *(Rin c'en bzaṅ po)* wieder zu. Das war die Zeit, zu der sich kleine Gemeinschaften bildeten, die sich um einen Meister und einfache Kapellen vom Typ, wie wir oben erwähnt haben, scharten, aber, soweit man weiß, sind die *doring* verschwunden. Das letzte Beispiel eines *doring* mit Inschriften, das man bis heute kennt, ist das von Ghiellakhang *(rGyal Lha k'aṅ)*, das zum größten Teil 1240 durch die Mongolen von Godan zerstört wurde. Es war von Nanam

Dorjevangtschuk *(sNa nam rDo rje dbaṅ p'yug)* gegründet worden, dessen Familie, eine der ältesten und vornehmsten Tibets, viele Male durch Ehebündnisse mit den Königen verbunden war (976–1060). Der Tempel liegt ungefähr 40 km nordwestlich von Lhasa und wurde von H. E. Richardson untersucht, der einen Pfeiler in der alten Art entdeckte: Auf der Oberfläche des Pfeilers befindet sich eine Inschrift, die teilweise beschädigt ist und die eine Anspielung auf den Verfall des Gesetzes enthält und die Gläubigen auffordert, die Heilsverordnungen wörtlich und dem Sinne nach zu befolgen[99].

Was die Architektur der Tempel dieser zweiten Periode betrifft, so kennen wir sie nur durch einige wenige Beispiele, da die anderen beschädigt oder im Verlauf der Bürgerkriege, die Tibet während mehrerer Jahrhunderte erschüttert haben, zerstört worden sind. Die besten Beispiele, die man davon nennen kann, sind zweifellos die Tempel, die noch in Westtibet vorhanden sind und die eine glaubwürdige Überlieferung Rintschensangpo und seinen direkten Nachfolgern zuschreibt. Man kann sie übrigens mit den schon erwähnten Tempeln vergleichen von Iwang, Samada und Nesar *(gNas gsar)* in Tsang und von Ḍanang südlich des Tsangpo[100]. Es handelt sich im allgemeinen um kleine Gebäude mit rechteckigem Grundriß *(Abb. Nr. 64)*, die oft an der Vorderseite, aber nicht immer, ein Atrium aufwiesen, das von Holzsäulen gestützt wurde. Im Inneren, vor der Rückwand, befindet sich der Altar mit dem Götterbild, dem der Tempel geweiht ist *(gtso bo)*. Der Altar ist von der eigentlichen Mauer so getrennt, daß dem Besucher ermöglicht ist, um die Statue, die auf ihm steht, herumzugehen (nach den rituellen Vorschriften muß dieser Rundgang ausgeführt werden, indem man die Statue rechts von sich hat). Manchmal ist der eigentliche Tempel in zwei Teile unterteilt, wobei der eine an den anderen angegliedert ist, indem diese Teile durch einen Gang getrennt sind, der sich an der Wand des Hauptraums entlangzieht und der eben dem rituellen Rundgang dient. Dies ist ein Bautyp, den man überall in Tibet findet und der den mächtigen Klosterbauten der späteren Epochen vorangeht. Die Grundrisse beschränken sich auf die, die schematisiert sind mit Abb. a, b und c. Das Innere war fast immer mit Malerei ausgeschmückt, wovon noch einige gute Beispiele vorhanden sind, die sogar vom Bau der Tempel stammen. Der bedeutendste von allen ist ohne jeden Zweifel der von Mangnang *(Maṅ naṅ)*[101], nach dem ein Übersetzer, der nicht besser identifiziert wurde, seinen Namen erhalten hat.

Deshalb ist Mangnang ein Ort, der in der Geschichte der tibetischen Kunst eine außerordentliche Bedeutung hat[102]. Er besteht aus einem oberen Teil, von den Führern der Lasttiere einer Karawane unter dem Namen Khardsong *(mK'ar rdsoṅ)* »befestigter Gouverneurspalast« und Üssukhar *(dBus su mk'ar)* «das Schloß in der Mitte» bekannt, und einem unteren Teil aus 14 Tempeln *(lha k'aṅ)*, die meist zerstört sind und die man das Kloster des lotsāva (Übersetzer von Mangnang) nennt. Die in einigen dieser Gebäude erhaltenen Gemälde, die möglicherweise heute zerstört oder beschädigt sind, denn der Zustand des lhakhang war schon kritisch zur Zeit, als ich ihn sah, sind außerordentlich interessant wegen der Tatsache, daß sie mehreren Malern aus Kaschmir zu verdanken sind: ganz gewiß jene, an die sich der lotsāva oder Rintschensangpo gewendet hatten. Wenn ich von mehreren Malern spreche, dann deshalb, weil es leicht ist, in den Werken selbst mehrere Handschriften zu unterscheiden. Die Photographien sind unter kläglichen Bedingungen aufgenommen worden. Trotzdem halte sich es wegen der Bedeutung dieser Monumente für angebracht, sie zu veröffentlichen: Sie stellen in der Tat das einzige Zeugnis dar, das wir über eine Kunst besitzen, von der wir nichts wissen.

Die Gestalt eines *sādhu (Abb. Nr. 114)* zeigt große Ähnlichkeit mit der des *sādhu,* der auf den Terrakotten von Harvan in Kaschmir dargestellt ist; der Mönch mit seiner linken Hand nach vorn paßt sehr zu einem ebenfalls kaschmirischen Fragment eines Tondos aus vergoldeter Bronze, das aus Tschang *(P'yaṅ) (Abb. Nr. 103)* in Westtibet stammt. Aber bestimmte

Stücke überraschen durch ihre Farbgebung und ihr Helldunkel, die den Eindruck von Volumen[104] geben, was bei indischen Gemälden recht selten ist.

Von derselben künstlerischen Bedeutung ist das Bild einer Apsaras, die würdig den Vergleich mit der von Ajanta aushält und ihr vielleicht überlegen ist durch die Erhabenheit ihrer Formen und die Eleganz der Linien. Die auf *Abb. Nr. 122* wiedergegebenen Gemälde sind von einer anderen, aber nicht weniger geschickten Hand. Sie zeigen eine Gruppe von Gottheiten, die durch bestimmte, von vorn sichtbare Deformationen der Gesichter bemerkenswert sind. Das Holzbild einer Göttin *(Abb. Nr. 150)* aus demselben Kloster ist auch das Werk eines Künstlers aus Kaschmir.

Ein anderes Bildnis, das eine besondere Erwähnung verdient, ist ebenfalls in Westtibet entdeckt worden: Es ist aus Elfenbein *(Abb. Nr. 128)*, und es ist wahrscheinlich dasselbe, das die Biographien von Rintschensangpo erwähnen[106].

Solche Fälle beweisen unumstößlich den Einfluß Kaschmirs im 10.–11. Jahrhundert, und man kennt spätere Beispiele in Alchi in Ladakh. Rintschensangpo ließ viele Künstler aus Kaschmir kommen, damit sie mit ihm beim Bau und bei der Ausschmückung der Kapellen, die er hatte erbauen lassen, zusammenarbeiteten: Die Namen von einigen von ihnen finden sich, mehr oder weniger verändert, in den tibetischen Quellen[107]. Außer Mangnang kann man weitere Werke angeben, die sicherlich aus den Händen dieser Künstler hervorgegangen sind: nicht nur die Statue von Hevajra, die aus dem Holz vom Baum der Erleuchtung gemacht ist, wovon die Biographie spricht[108], sondern vor allem die Tempeltüren von Tsaparang *(Abb. Nr. 138)* und von Tabo *(Abb. Nr. 126)*, wo auf Seiteneinfassungen verschiedene Episoden aus dem Leben Buddhas dargestellt sind, sowie zwei andere Fragmente von Tabo, die zuerst von Francke, dann von mir veröffentlicht wurden[109] *(Abb. Nr. 129)*, deren Stil keinen Zweifel über ihre Herkunft aus Kaschmir läßt. Mit diesem Land hat Westtibet übrigens während einer langen Zeit Handelsbeziehungen und auch solche kultureller Art unterhalten.

Es ist angebracht, wegen der Malerei und einiger Statuen oder Fragmenten von Statuen, die sie enthalten, die Tempel in Tsang zu erwähnen, die teilweise erhalten, teilweise von den Kriegen zerstört sind, die das Gebiet heimgesucht haben[110]. Der erste ist der Tempel von Samada *(Abb. Nr. 74)*; der zweite liegt nicht weit von Iwang; es gibt auch noch den von Nesar *(gNas gsar)*. Im ersten existiert noch eine Inschrift in einer archaischen Schrift, die von dem Gründer, Tschölotö *(C'os blo gros, Dharmamati)*, einem Schüler von Rintschensangpo spricht. Diese Inschrift berichtet uns, daß der Schöpfer der Statuen ein Inder aus einer Brahmanenfamilie ist *(bram ze rigs)*, der Mati heißt und aus Pan tso ra stammt. Dieser Meister ließ drei Statuen errichten, die *thukdam (t'ugs dam)* waren, das heißt, seine Schutzgötter: Tschenrezik *(sPyan ras gzigs)*, Avalokiteśvara, Padmapāṇi, Tschannadorje *(P'yag na rdorje)*, Vajrāpāṇi und Dschamyang *(ḥJam dbyaṅs)*, Manjughosa.

Obwohl, wie die Inschrift zeigt, mehrere Bildhauer verschiedener Sprachen und, davon ausgehend, verschiedener Herkunft zu dieser Zeit in Tsang und Zentraltibet *(dBus)* angekommen sind, gefiel der Schöpfer dieser Statuen *(sku mk'an)*, das heißt, einer namens Mati, dem Zhönnuö *(gŽon nu 'od)* und erhielt den Auftrag. Bei meiner ersten Besichtigung war nur noch die Statue von Padmapāṇi übrig geblieben *(Abb. Nr. 70)*, aber bei meiner zweiten Reise war sie verschwunden, denn sie war anderswohin gebracht worden[112].

Die Schwierigkeit, den Herkunftsort des Bildhauers zu bestimmen, und der ziemlich eigenartige Stil der Statue selbst bewirken, daß man nicht mit

95

Sicherheit dieses Werk einer besonderen Schule zuordnen kann. Es scheint mir, daß Beziehungen mit Bengalen und Nepal auszuschließen sind, aber wenn Panjora oder Pancora dem heutigen Bajaurā entspricht, muß man an die Schule von Kulu denken[113]. Leichter mit besser abgegrenzten Schulen in Zusammenhang zu bringen, ist das große Tschöten *(mc'od rten)*[114], ein großartiges Dokument der in den benachbarten Ländern verbreiteten Kunst Kaschmirs[115].

Was den Tempel von Iwang betrifft, so bleiben nur die Gemälde, von denen wir aus den begleitenden Inschriften wissen — die Untersuchung der Gemälde führt allerdings zu demselben Schluß —, daß sie in zwei verschiedenen Stilen *(lugs)* ausgeführt sind: der eine indisch *(rgya lugs)* und der andere khotanisch *(li lugs)*.

Die Tempel von Nesar in Tsang und Danang südlich des Tsangpo verdienen eine besondere Erwähnung: Obwohl sie von größeren Ausmaßen sind als jene, von denen wir bisher gesprochen haben, sind sie nach demselben Plan gebaut. Beide sind gut erhalten, und ich glaube nicht, daß sie restauriert worden sind. So wie sie sich darbieten, könnten sie aus dem 11. oder 12. Jahrhundert sein. In Danang sieht man statt der Wandmalerei, die es im ursprünglichen Zustand gegeben haben könnte — obwohl ich bei einer sorgfältigen Untersuchung auf keine Spuren gestoßen bin —, auf beiden Seiten, die die Gestalt des Innersten umgeben, die einen Buddha darstellt, ungefähr 3 m hohe Bilder der Bodhisattwa, die sein Gefolge bilden: Sie tragen lange Mäntel, die sassanidische Stoffe nachahmen[117].

Was die Bauweise betrifft, gilt natürlich auch das, was wir über die zivile und militärische Architektur gesagt haben, für die Tempel. Außerdem darf man nicht vergessen, daß in gleichem Maße wie die großen Mönchsgemeinschaften an Bedeutung gewinnen und ihre politische Hegemonie festigen, die Klöster sich ausdehnen, zu Städten werden und sich um das bedeutendste

75

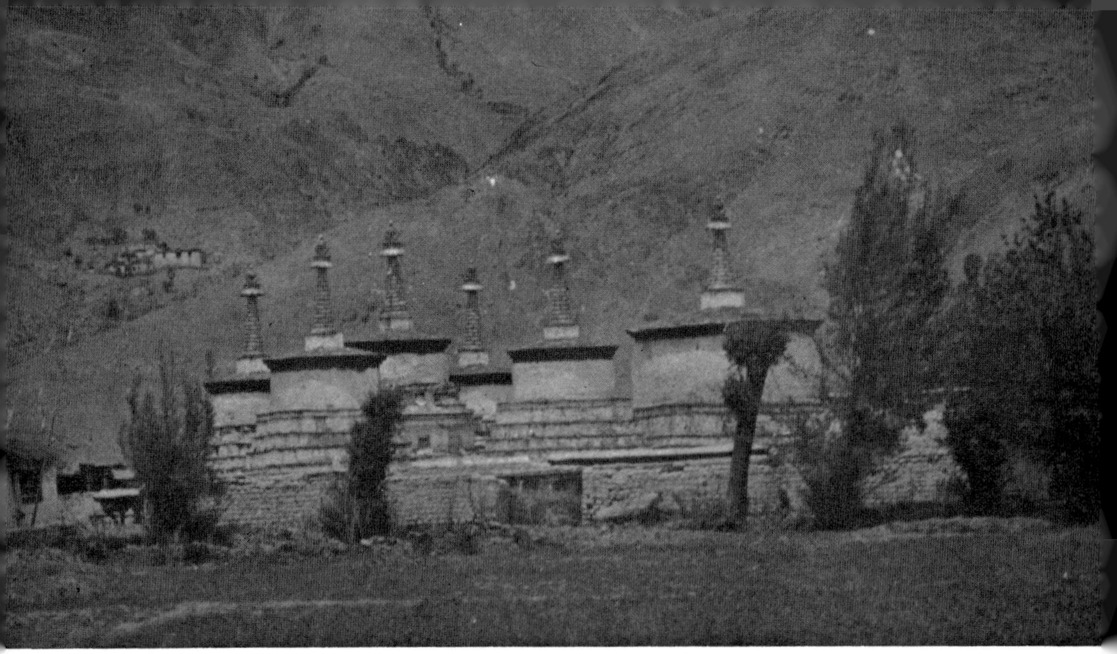

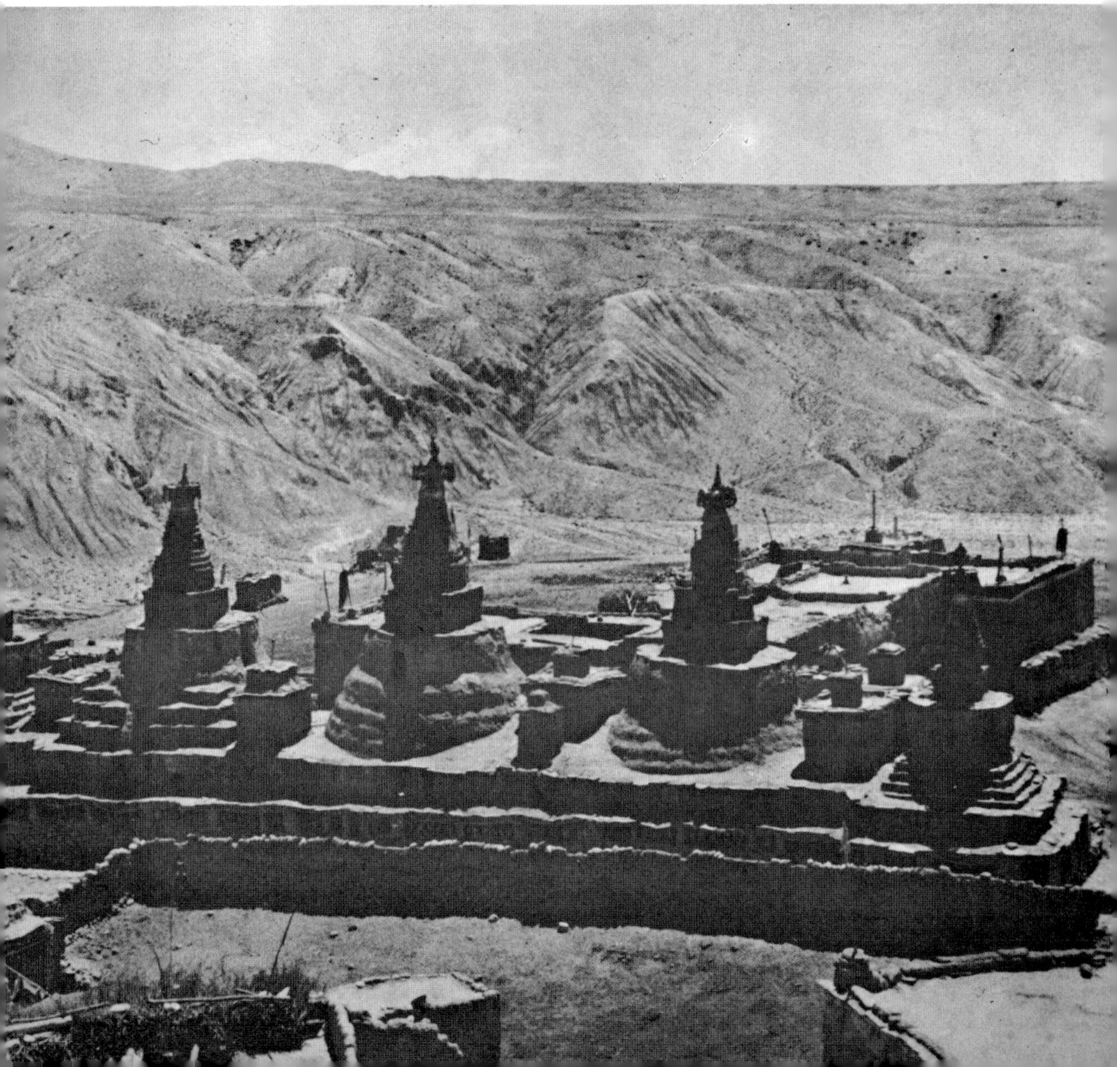

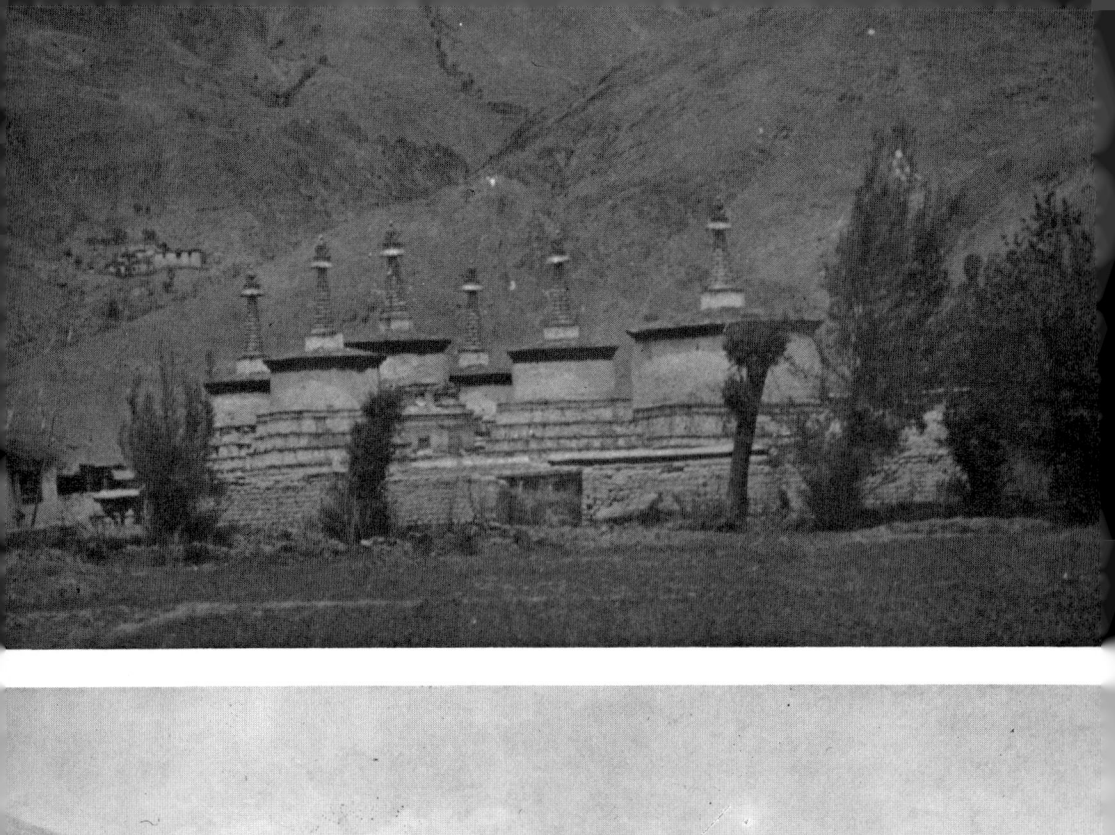

76

78

77

79

80

81

82

83

84

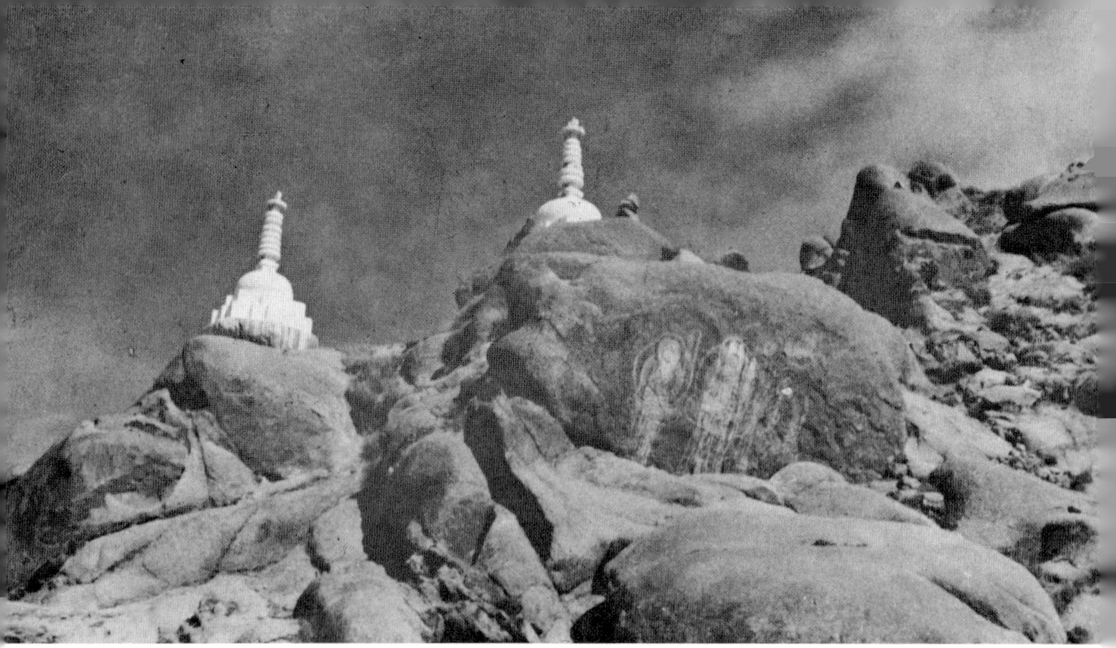

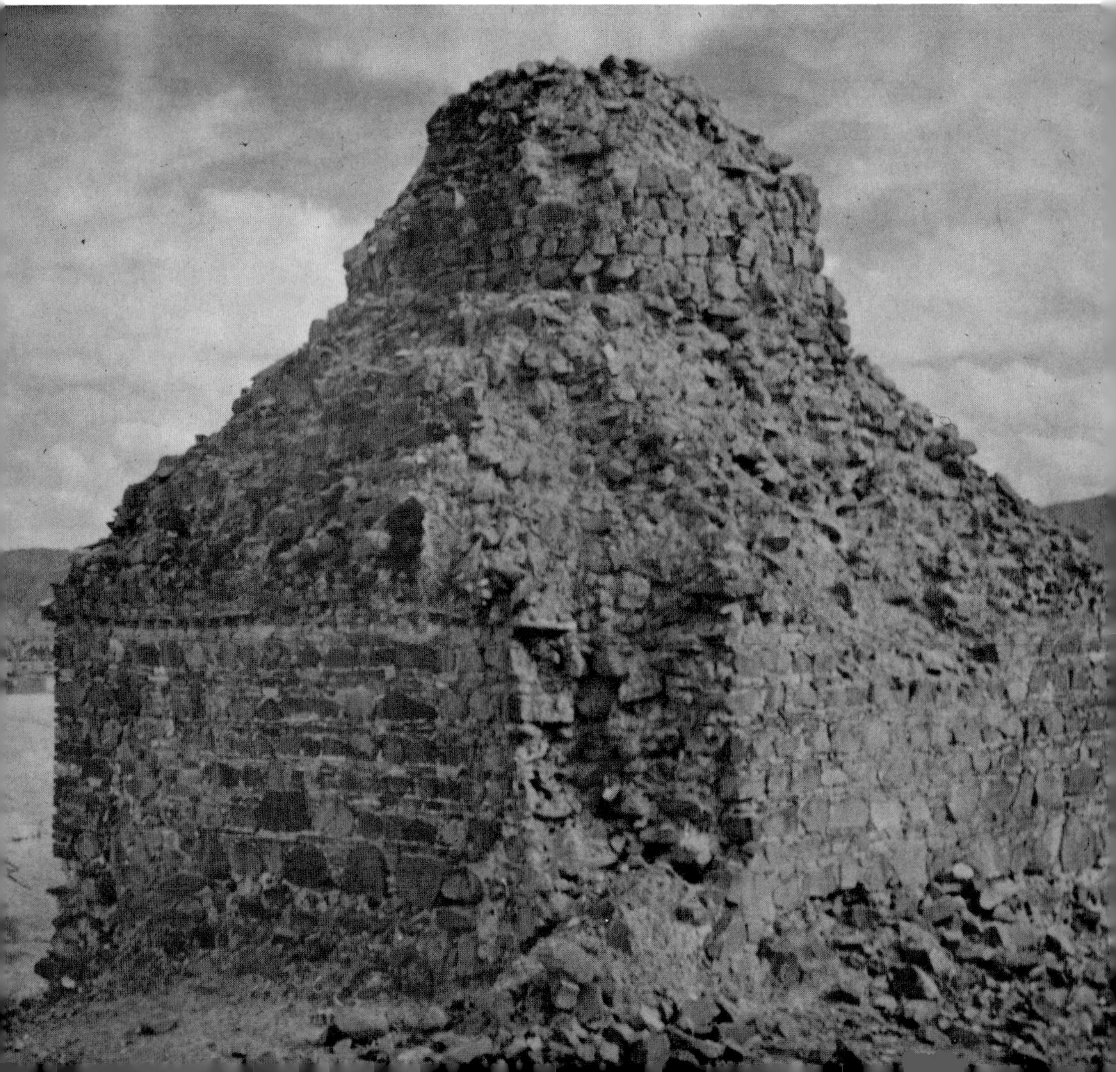

85

86

89

90

91

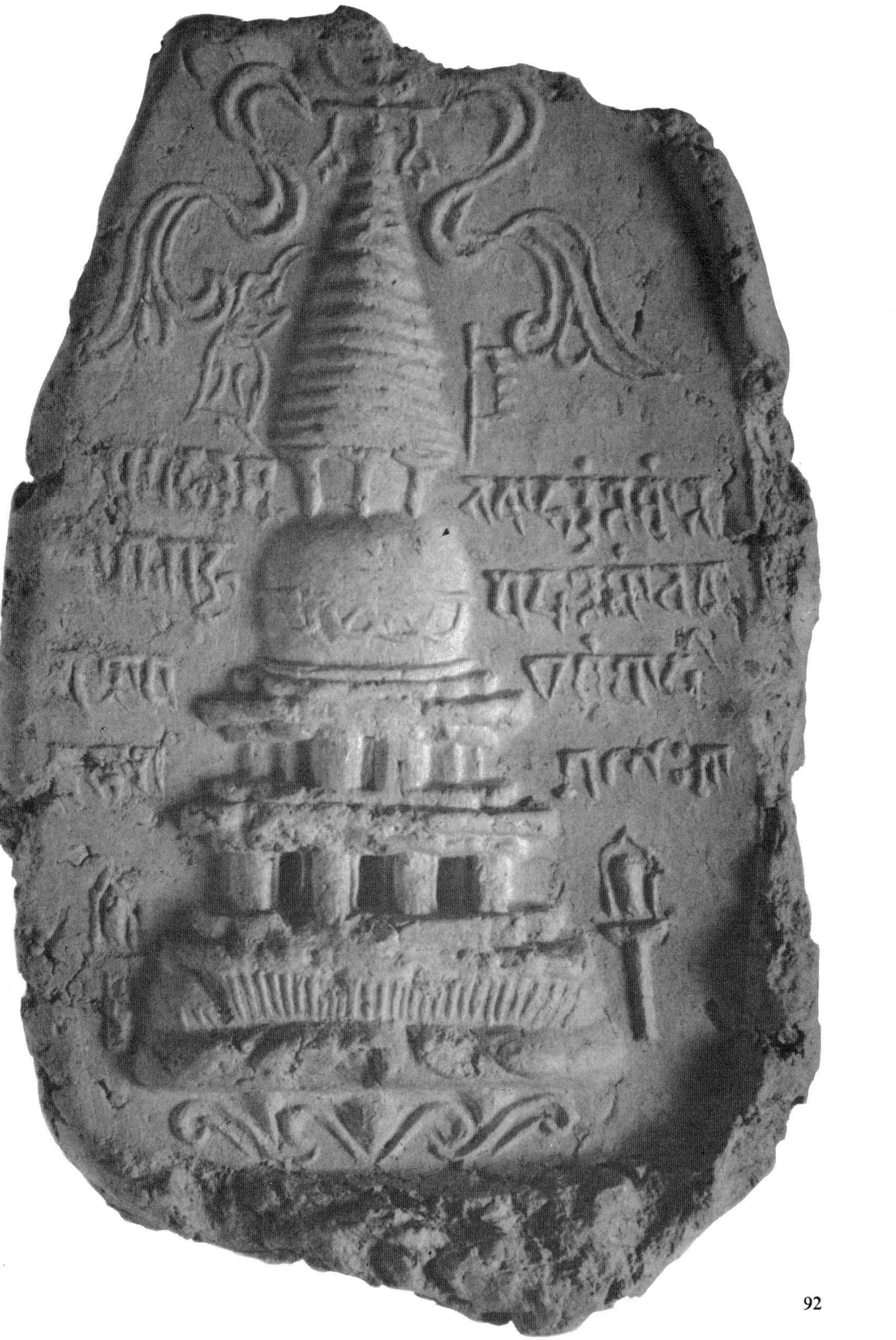

93

94

95

96

97

98

99

100

101

102

103

104

105

106

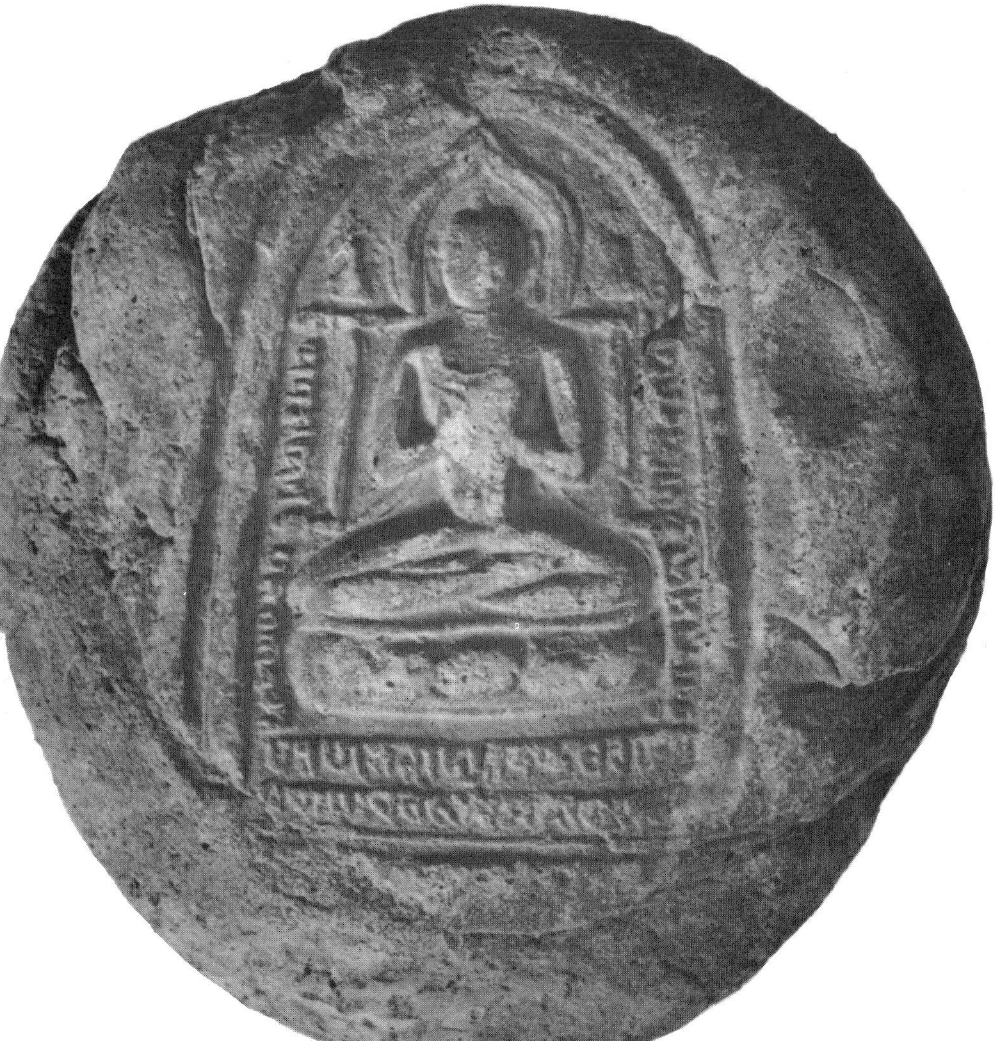

108

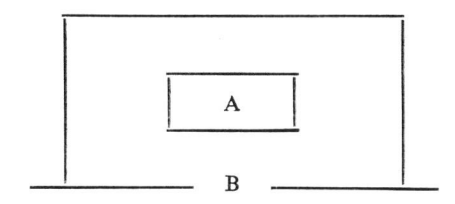

Abb. a
A: Hauptgottheit
B: Tür

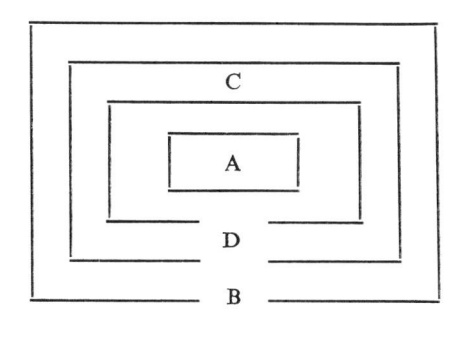

Abb. b
A: Gottheit der Cella
B: Eingang
C: Gang für den rituellen Rundgang (im Uhrzeigersinn).
D: Tür zur Cella

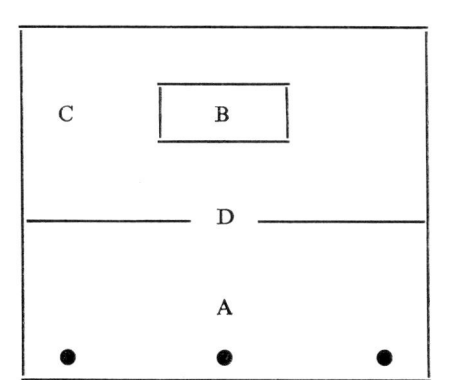

Abb. c
A: Veranda mit Tür und Säulen
B: Hauptstatue
C: Cella
D: Eingang zum Tempel

Gebäude scharen, wo sich das Kapitel zu den täglichen Versammlungen und den großen religiösen Festen trifft. Man hat dann die Seminare, die Kollegien, die Wohnsitze der Äbte, die neuen Tempel, die die Frömmigkeit der Gläubigen oder die Initiative der mit großem Prestige und umfangreichen Mitteln ausgestatteten Klostervorsteher dieser oder jener besonderen Gottheit weihen. Eines der interessantesten und ältesten Beispiele in dieser Hinsicht ist Sakya (11.–13. Jahrhundert) *(Abb. Nr. 71)*, das politische Macht ausübte und gleichzeitig dem Einfluß Nepals und Chinas ausgesetzt war. Die Einführung des Daches in großem Umfang oder von mehreren Dächern, aufeinandergesetzt «als Pagode» nach chinesischer Art, beginnt sicherlich zu dieser Zeit, und nur in den Dörfern behalten die lhakhang ihren alten Charakter und ihre bescheidenen Proportionen.

Es kann auch eine Veranda an der Vorderseite des Tempels vom Typ der *Abb. b* geben. Die Mauern sind verziert mit Malerei oder mit Statuen von stehenden oder sitzenden Personen: im letzten Fall auf einer Stütze in Altarform.

Die Tschöten (mc'od rten)

Man muß den Tschöten, die den indischen Stupas entsprechen, eine besondere Darstellung widmen. Es sind Bauwerke von mehr oder weniger großen Ausmaßen, die eine symbolische Bedeutung haben, denn sie drücken ein Psychokosmogramm aus wie das Mandala[118], der Hauptinhalt des Gesetzes. Sie haben auch einen funktionellen Wert, denn sie können die Reliquien der Heiligen enthalten, im allgemeinen die Asche, aber manchmal auch den ganzen Leichnam, oder auch die sterblichen Reste der Lamas, die zu ihren Lebzeiten großes Ansehen genossen, Bücher oder geweihte Gegenstände, die nicht mehr in Gebrauch sind, aber wegen des sakralen Charakters der Zeremonien, wozu sie gedient haben, nicht weggeworfen werden können.

Die Architektur dieser Stupas ist sehr verschiedenartig: Keins von denen, die ich in Tibet gesehen habe, erinnert an die alten Stupas — Sockel, Kuppel mit 3 oder 5 aufeinandergesetzten «Schirmen», die in wechselndem Abstand durch eine Achse verbunden sind, die sie zusammenhält — vom Typ jener von Bharhut und Sanchi oder sogar der von Bodhnāth in Nepal.

Genauso wie im Laufe der Jahrhunderte der Buddhismus nach und nach seine dogmatischen Strukturen verändert hat, indem er sich vom kleinen zum großen Gefährt entwickelt, dann zum tantrischen Gefährt, das tatsächlich in Tibet vorherrscht, genauso hat sich die Bauweise des Stupas entwickelt, aber im Rahmen bestimmter Schemen, die relativ unverändert geblieben sind, ist die mehr oder weniger große Vollkommenheit der Ausführung einzig und allein abhängig von der Geschicklichkeit des Maurermeisters, der sie baut.

Die Typologie der Tschöten ist mannigfaltig: Theoretisch existieren auf der Grundlage der in Tibet von Indien aus eingeführten literarischen Quellen 8 Typen von Tschöten, aber die häufigsten Formen[119] lassen sich auf jene zurückführen, die Tschangtschup Tschöten *(byan c'ub mc'od rten* = Tschöten der Erleuchtung*)* genannt wird: ein quadratischer Sockel, der selbst auf ein oder mehreren Aufsätzen ruht, dann ein «bum pa» oder «Topf» von abgerundeter Form, auf dem sich sieben oder dreizehn «Schirme» erheben, die mittels einer Achse zusammengehalten werden, die durch sie hindurchgeht. Auf der Spitze befindet sich ein meistens vergoldeter Metallring, der eine Gestalt als Halbmond trägt, über der ein Kreis angeordnet ist, der die Sonne darstellt *(dangi, zla ñi)*. Die beiden Ausdrucksformen zusammen bedeuten: Mond + Sonne *(Abb. Nr. 75)*; solche Konstruktionen brachten im Bauwerk tiefe religiöse und mystische Vorstellungen zum Ausdruck, die je nach der Schule variierten. Neben diesem Typ findet man den lhapap *(lha babs)* «vom Abstieg vom Himmel» genannten Tschöten nicht weniger häufig, nach dem Vorbild eines Bauwerks, das in Indien in

Sāmkāśya, an demselben Ort, wo Buddha vom Himmel von Tuṣita herabstieg, wohin er sich begeben hatte, um seiner Mutter, die nach ihrem Tod hierhergekommen war, das Gesetz zu verkünden. Das Charakteristische dieses Tschöten ist, daß auf den vier Seiten, oder manchmal nur auf einer, sich Stufen oder Aufsätze in wechselnder Anzahl befinden, die es ermöglichen, auf eine Etage zu gelangen, auf der der «Topf» oder das «Ei» (*aṇḍa* in Sanskrit) ruht, und einen Rundgang um den Tschöten zu machen. In Tibet ist jedoch dieser Rundgang im allgemeinen sehr schmal, daß er es so weit bringt, daß er jeden funktionellen Wert verliert. Auch dieser Typ ist aus Indien gekommen und hängt mit sehr alten Traditionen zusammen. Es gibt schließlich noch die Tschöten mit «vielfachen Türen» *(sgo man)*, die die gewaltigsten sind. Wir werden wegen ihrer Bedeutung weiter unten von ihnen handeln. Von den oben erwähnten Typen von Tschöten und von denen, die sich mehr oder weniger an eins der acht traditionellen Vorbilder anlehnen, trifft man in Tibet zahlreiche Varianten, denn mit Ausnahme derer, die in der Nähe der großen Klöster errichtet worden sind, sind sie das anonyme Werk örtlicher Handwerker, die, obwohl sie unter der Leitung der Lamas arbeiten (die aber auch nicht immer sachkundig oder Gelehrte sind), nur sehr annähernd erreichen, die klassischen Vorbilder nachzuahmen *(Abb. Nr. 76)*. Diese Tschöten sind fast immer aus behauenen Steinen errichtet, was manchmal an die gandharische Bauweise erinnert *(Abb. Nr. 86)*, oder aus ungebrannten Ziegeln, die aufgehäuft und in der Sonne getrocknet und dann mit einem Anstrich versehen werden. Der Anstrich wird oft wiederholt, weil diese Tat als ein verdienstvolles Werk angesehen wird. Da Widmungsinschriften meistens fehlen, ist es nicht leicht, das Alter des Monuments zu bestimmen; man kann es jedoch durch Rückschlüsse feststellen, nach den *ts'a ts'a*, die es enthält[120]. Diese befinden sich im Innern des «Eis» (oder «Topfes») oder auf dem höchsten Punkt des Sockels; man kann sie oft sehen oder sie sammeln, denn dieses «Ei» oder der Sockel selbst ist von einem kleinen Fenster *(sgo)* durchbrochen. Diese Sitte stammt von dem indischen Brauch, der darin besteht, im Innern bestimmter Stupas

Kästen aus Steinplatten aufzubewahren, die regelrecht versteckt und nicht sichtbar waren, und in denen die Reliquiare verschlossen sind, die die Überreste der verstorbenen Lamas, die im Geruche der Heiligkeit stehen, enthalten, sowie auch Münzen, Halsketten und Schmuckstücke, die sehr nützlich sind, um wenigstens annähernd die Datierung des Gebäudes zu bestimmen.

Die Tschöten müssen zu den Tempeln gerechnet werden. Das führt uns dazu, über die verschiedenen Arten von Tschöten, die möglich sind, zu sprechen, Sammelbecken oder Stützen: Der *ten (rten)* des Geistes, thukten *(t'ugs rten)* (sagen wir gleich, daß das Wort nur sehr ungenau alle Implikationen des tibetischen Ausdrucks *t'ugs = sems* = sk. *citta*, die geistige Wesentlichkeit, die Buddha eigene Licht-Leerheit ausdrückt)[121]: Sammelbecken, Stütze des Körpers, *kuten (sku rten)*, das heißt, jede bildliche Darstellung Buddhas, der Bodhisattwas oder der großen Lamas, und schließlich *sungten (gsuṅ rten)*, Stütze des Wortes, von allem, was geschrieben ist, das Wort Buddhas, die Bücher.

Die Tschöten sind daher im wesentlichen *thukten*; sie stellen ein Gebäude dar, das dazu bestimmt ist, die Wesentlichkeit Buddhas zu versinnbildlichen und die jeder anderen Person, die auf Grund ihrer Askese dem Leib Buddhas gefolgt ist. Aber da der Tempel Statuen und Bücher enthält, eine Art Welt in sich, ein Temenos, das einen sakralen Bezirk bildet oder wie das Mandala[122] außerhalb der nichtsakralen Welt sich befindet, verteidigt von den Schutzmächten (auf der Veranda der Tempel gibt es die Tschökiong *(c'os skyoṅ)*, «Beschützer des Gesetzes», die es von allem, was profan ist, isolierten), stellt das Tschöten auf dieselbe Weise, da es acht verschiedene Typen sind, die verschiedenen Zeitpunkte im Leben Buddhas oder verschiedene geistige Haltungen dar, aber vor allem das Gesetz, das er verkündet hat, wie Dinnāga in einem berühmten Vers gesagt hat: Gleichwertigkeit der Wirklichkeit, der Wahrheit und des Wortes des Meisters;

kurz es ist das *dharmaśarīra*, der Leib des Gesetzes. Es gibt im Buddhismus viele Formeln, die als eine Zusammenfassung der Lehre Buddhas angesehen werden und an erster Stelle die *Prajñāpāramitā* in einem einzigen Vers: *ye dharmā hetuprabhavā hetuṃ teṣāṃ, Tathāgataḥ hy avadat teṣām ca yo nirodha evaṃ vādī mahāśrama ṇaḥ* («Von allen Dingen, die einen Ursprung haben, von allen hat der Tathāgata, der gemäß der Wahrheit spricht, den Ursprung des Endes erklärt.»).

Einen *Stupa* zu bauen war deshalb gleichzeitig, den Leib Buddhas zu bauen, der mit seiner Lehre identifiziert wird: und um dieses Ziel besser zu erreichen, gab es den Brauch, wie ich schon erwähnte, in den Grundmauern der Stupas *ts'a ts'a* anzubringen, auf denen die obige Formel oder andere, *dhāraṇī* genannt, geprägt waren.

Diese Formeln, die *Prajñāpāramitā* in einem Vers oder andere ähnliche Formeln, die alle *dhāraṇī* heißen und die das Gedächtnis unterstützende Zusammenfassung heiliger Texte oder von Anrufungen sind, gedruckt auf die *ts'a ts'a* mit Hilfe eines Stempels, entsprechen in der Tat einer *prāṇapratiṣṭhā*, einer Zeremonie, die dazu dient, das Leben in das Monument einzuführen, ihm den Sakralcharakter zu geben, der es von anderen Gebäuden unterscheidet. Außerdem, und das besonders in Westtibet, kann man während des Baus durch das ausgesparte Fenster, wie ich es gezeigt habe, andere *ts'a ts'a* hineintun, geweihte Gegenstände, nicht mehr gebräuchliche Bücher oder beschädigte Gemälde — kurz alles, was Sakralcharakter hatte.

Später wurde der Brauch, Tschöten zu bauen, in Tibet aus anderen Motiven weitergeführt: um hier Sammlungen der heiligen Schriften niederzulegen; in diesem Fall, wie bei dem Stupa von Gilgit, bei dessen Zerstörung Sir A. Stein dabei war — was ihm erlaubte, eine reiche Ernte an Handschriften zusammenzutragen —, ist der Tschöten auch der Wortleib, das Gesetz, insoweit er in der Offenbarung ausgedrückt ist, die er davon macht. Ins Kloster von Sakya ist nach einer noch lebendigen und in den Führer dieses Klosters übernommenen Tradition die Sammlung von Büchern, die von Buddha verkündet sind *(bKai ạgyur)*, in uigurischer Sprache gebracht. Dann begann man auch Tschöten zu bauen, wenn ein Lama starb, der für besonders heilig gehalten wurde. In so einem Fall sammelte man die Asche des Lamas, die man mit Erde mischte, und man machte daraus *ts'a ts'a*, die man in den Tschöten legte. Dieser Brauch besteht noch heute. In anderen Fällen handelt es sich um Tschöten, die von abgelegenen Orten kommen: Ich spiele auf den Tschöten in vergoldeter Bronze an, der im Tempel von Ngariṭatsang (mNa ris grwa tsaṅ) erhalten ist, auf den ich später zurückkommen werde, oder auf Tschöten wie jene der *Abbildung Nr. 88*, deren besondere Form charakteristisch für die älteren Epochen und speziell in Zusammenhang mit den Schulen von Kadampa *(bK'a gdams pa)* steht. Sie scheinen mehr auf zentralasiatische oder chinesische Anregungen hinzudeuten als auf indische.

Was die *ts'a ts'a* betrifft, die, wie wir gesehen haben, enge Verbindungen mit den Tschöten haben (das Wort stammt aus dem Prakrit), so gibt es davon mehrere Arten, die verbreitetsten sind jene, auf denen die Formel steht, die weiter oben erwähnt wurde, oder auch ähnliche Formeln. Andere haben die Form der Stupas, um die herum der Vers von *Prajñāpāramitā* geschrieben steht, ebenso können sie auch einfache Stupas darstellen mit einem oberen konischen Teil und einem großen kreisförmigen Sockel. Sehr oft jedoch findet man *ts'a ts'a* mit Bildern von einem oder mehreren Stupas (meistens drei) im Mittelpunkt oder vor allem Gestalten von Gottheiten, besonders Lokeśvara, Padmapāni, Mañjuśrī, Tārā.

Es ist hier nicht angebracht, von den *ts'a ts'a* zu sprechen, die in Tibetisch geschriebene Formeln tragen: Das sind nämlich Ableitungen von den älteren *ts'a ts'a*, die Sanskritschriftzeichen zeigen, die als Vorbild für die tibetischen *ts'a ts'a* gedient haben. Die zahlreichen Beispiele von *ts'a ts'a*, die ich besitze, stammen zum großen Teil von *Tschöten* aus Westtibet und Tsang.

Es ist überraschend festzustellen, daß man in Swat, wo die italienische archäologische Mission seit Jahren Ausgrabungen in einem großen buddhistischen Heiligtum vornimmt, keinen *ts'a ts'a* gefunden hat, während es in Afghanistan und Kaschmir der Fall war: im Osten der indopakistanischen Halbinsel gehen sie bis nach Birma und Thailand: Alle *ts'a ts'a*, die hier veröffentlicht werden, tragen die Formel des *Prajñāpāramitā* oder der *dhāraṇī* in Schriftzeichen aus Nordwestindien oder aus dem Tal des Ganges. Einige dieser Legenden tragen manchmal Schreibfehler, die vermuten lassen, daß die Stempel in Tibet von den ersten Neubekehrten hergestellt wurden, die kaum in Sanskrit bewandert waren. Die Eindrücke, die sich auf die *ts'a ts'a* beziehen, sind außerordentlich zahlreich: jener, der zahlenmäßig vorherrscht, ist der Stupa, ob es sich um den Stupa handelt, der «der Abstieg vom Himmel» genannt wird *(Abb. Nr. 84, 89, 90, 93, 94)* — der der häufigste ist —, den Stupa «mit vielen Türen» *(Abb. Nr. 91, 93, 96, 97)* oder den Stupa »der Erleuchtung». Diese Typen haben unzählige Varianten: einzelstehender Stupa oder in einer Dreiergruppe oder noch mehr mit auf der Spitze im Winde flatternden Fahnen. Sie beziehen sich offensichtlich auf ganz bestimmte Pilgerorte: Einer davon scheint einen großen Komplex von Stupa von oben gesehen darzustellen *(Abb. Nr. 95)*. Es ist sehr interessant, *die Abbildung Nr. 89* mit dem Stupa von Tholing *(Abb. Nr. 84)* zu vergleichen, worin nach der Überlieferung die Überreste des großen Übersetzers sich befinden sollen. Die Gestalten der Gottheiten des Mahāyāna, die vorherrscht, ist Lokeśvara oder Padmapāṇi in der Haltung, die «lalitāsana» genannt wird *(Abb. Nr. 103, 104)*, sind die gleichen wie diejenigen, die man oft auf den Felsskulpturen in Swat sieht, aber sie gelangen in analogen *ts'a ts'a* bis nach Birma, wobei sie auch sehr feine Beispiele in Bengalen hinterlassen[123]. Die feinen Züge der in Westtibet entdeckten Beispiele lassen einen Einfluß der nächsten Nachbarländer vermuten, aber wegen der Beliebtheit

109

110

111

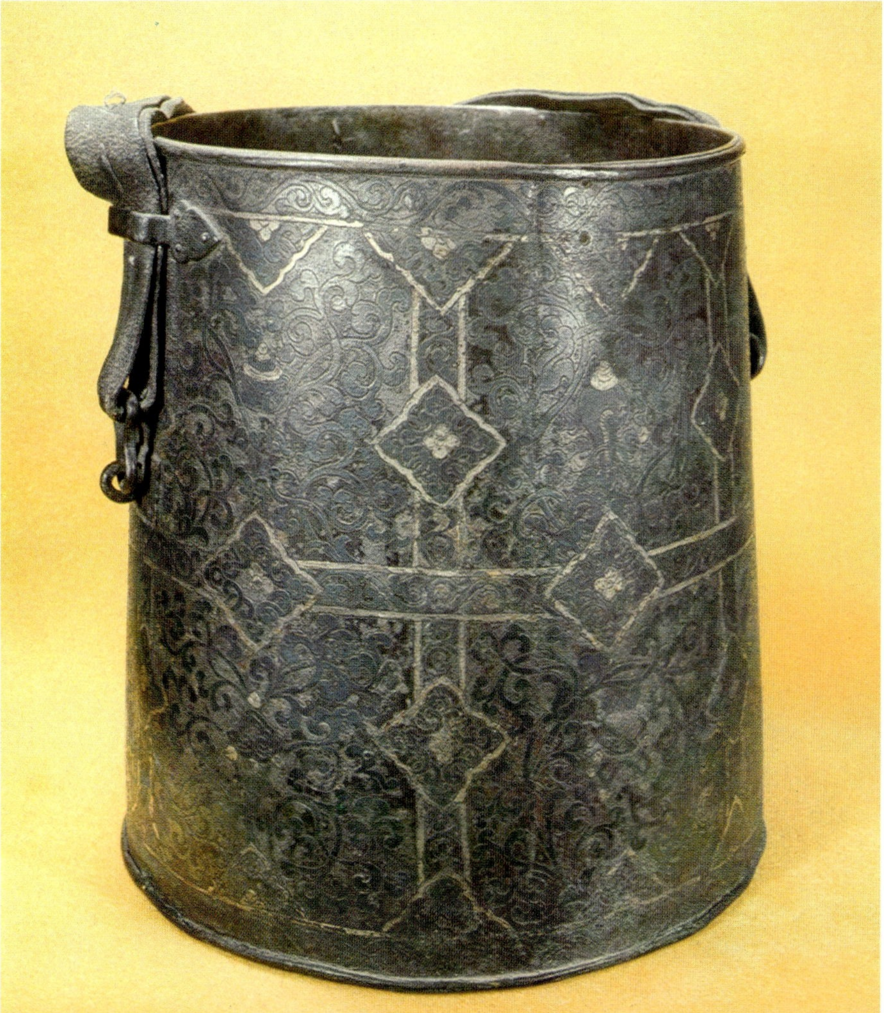

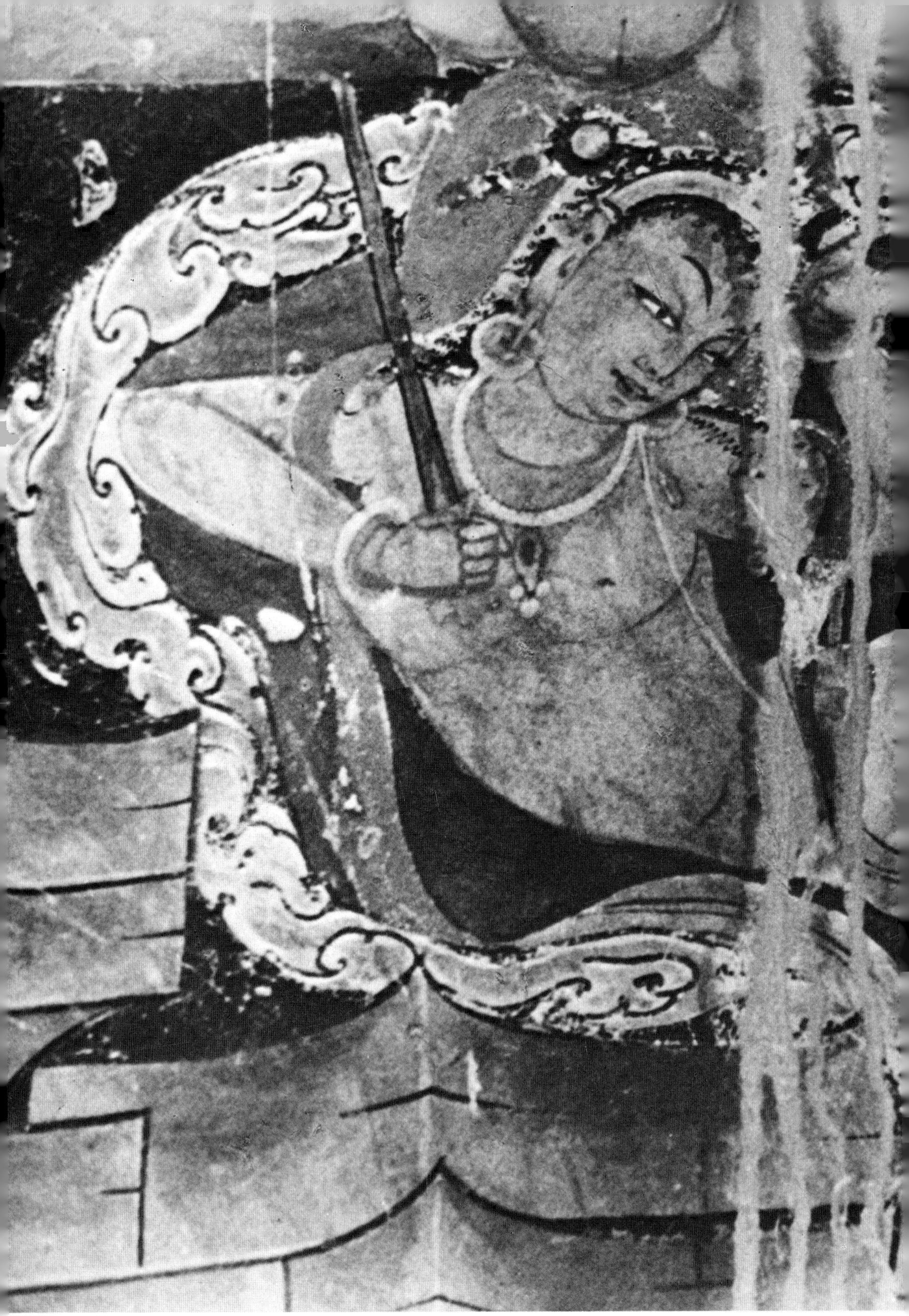

113

114, 115 ↑   116   117

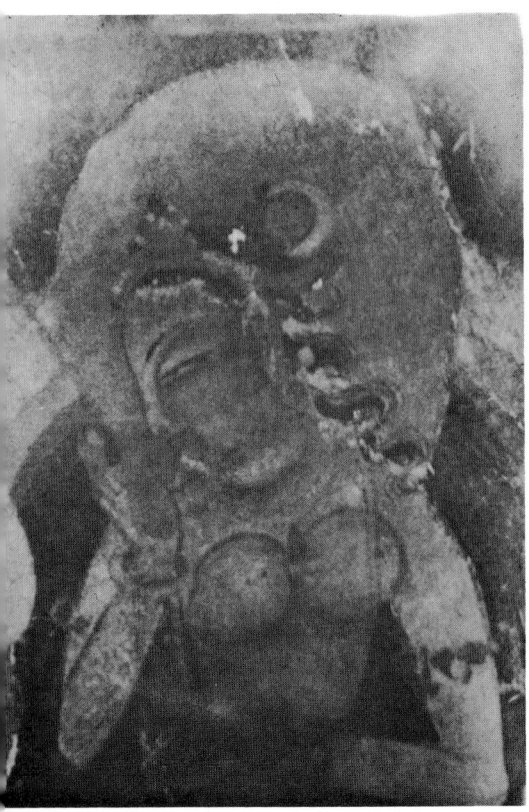

118 ↑   119   120

121
122

123

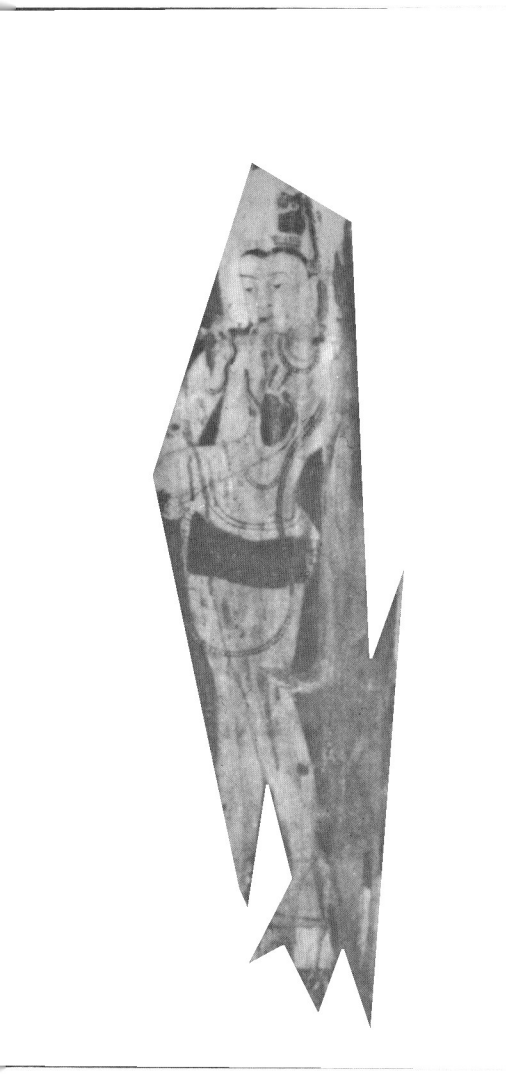

124

125

126

127

128

129

130

131

132

133, 134 ↑   135   136

137

138

139

140

141

und der Verbreitung des ikonographischen Typs ist es schwierig, sich übe diesen Punkt zu äußern.

Andere unvollkommene Bilder, ohne Zweifel von lokaler Herkunft *(Abb. Nr. 108)*, die den Buddha zwischen zwei Bodhisattwas, die das Diadem tragen, darstellen, sind das Produkt einer Schule, die durch die Tradition Kaschmirs beeinflußt ist. Man findet auch rein tantrische Götter[124]. Die Form der Buchstaben erlaubt es, diese *ts'a ts'a* einer Periode zuzuordnen, die zwischen dem 10. und 13. Jahrhundert liegt. Danach verschwinden die in Sanskrit geschriebenen Formeln nach und nach, sie werden durch andere Formeln in Tibetisch ersetzt *(oṃ maṇi padme hūm*, etc.*)* oder die Inschriften fehlen ganz.

Als die buddhistische Diaspora sich verstärkte, als die Reisen tibetischer Pilger nach Indien häufiger wurden oder als der Exodus der buddhistischen Flüchtlinge aus Indien in Richtung Tibet zunahm, brauchten die tibetischen Gemeinschaften eine größere Anzahl Stempel für die *ts'a ts'a:* Aber da ich in einigen Tschöten *ts'a ts'a* von verschiedenen Typen gefunden habe, von denen ein oder zwei bestimmt indisch waren, kann man auch annehmen, daß bestimmte, von den Pilgern in indischen Klöstern gekaufte *ts'a ts'a* von ihren frommen Besitzern nach Tibet eingeführt worden und in dem Tschöten abgelegt worden sind, die dem Tempel oder dem Dorf des Pilgers am nächsten war. In jedem Fall und um damit zu schließen, ist es angebracht, großen Wert auf diese *ts'a ts'a* zu legen, nicht nur, weil sie einen Brauch eingeführt haben, der heute in Tibet noch besteht, sondern auch, weil sie die Tibeter mit ikonographischen Typen und Modellen unterschiedlicher künstlerischer Inspiration bekannt gemacht haben, die, indem sie sich anderen, von denen ich gleich sprechen werde, annäherten, damit endeten, daß sie sich zu dem verschmolzen, was der eigene Ausdruck der tibetischen Kunst wurde. So daß es, indem man die Studie, die ich 1932 veröffentlicht habe, weiterverfolgt und vergrößert — in der einige bis dahin gefundene *ts'a ts'a* untersucht sind, die allerdings danach zahlenmäßig zunahmen — möglich sein wird, annährend zu bestimmen, welche Kontakte Tibet, besonders Westtibet und Tsang, zur Zeit der Renaissance des Buddhismus in diesem Land mit Indien und den angrenzenden Ländern gehabt haben, Gilgit und Afghanistan eingeschlossen.

Unter den bedeutendsten Tschöten, und ohne zeitlich zu weit zurückzugehen, ist es angebracht, hier jene zu erwähnen, die von dem lotsāva von Ṭhophu *(K'ro p'u)* gegründet worden ist, der im 13. Jahrhundert den berühmten Pandit Sākyaśrī aus Kaschmir nach Tibet einlud. Der Tschöten ist in einem Engpaß zwischen Jonang *(Jo naṅ)* und Shigatse errichtet, in der Nähe eines Tempels, wo 1212 eine Statue von Maitreya geweiht war. Als ich das Bauwerk 1938 besucht habe, habe ich es relativ gut erhalten angetroffen, aber die Gemälde der Kapelle waren sehr beschädigt. Man muß dann den Tschöten von Ghyang *(rGyaṅ)* *(Abb. Nr. 78, 79)* in der Nähe von Lhatse *(Lha rtse)* erwähnen: Er wurde unter der Mitwirkung von T'aṅ Ston von dem Sakyapa Sonamṭaschi *(bSod nams bkra šis)* (1352–1417) erbaut; seine Gemälde verraten einen beachtlichen nepalesischen Einfluß sowie auch zentralasiatische Anklänge, obwohl die Arbeiten fast in ihrer Gesamtheit von tibetischen Künstlern ausgeführt wurden.

Der Bau des Tschöten von Jonang *(Jo naṅ)* ist von Scherapghielthsenpo *(Šes rab rgyal mts'an dpal bzaṅ po)* unternommen worden, der 1360 starb; aber das Gebäude wurde zur Zeit des Tāranātha (geboren 1575) restauriert. Der Tschöten von Narthang *(sNar t'aṅ)* *(Abb. Nr. 83)* ist auf Anordnung von Nyanṭaksangpopel *(sÑan grags bzaṅ po dpal)* erbaut worden. Der von Ghiantse *(Abb. Nr. 80)*, der zweifelsohne der größte Tibets ist, ist 1427 von Tschöghiel Raptenkunsangphakpa *(C'os rgyal Rab brtan kun bzaṅ ạp'ags pa*, geboren 1389*)* errichtet worden. Der von Tschampaling *(Byams pa gliṅ)* wurde 1472 von Thumi Lhunṭupṭaschi *(T'u mi Lhun grub bkra šis)* *(Abb. Nr. 81)* erbaut.

Die Tschöten «mit zahlreichen Türen» *(sgo maṅ)* verdienen eine besondere Erwähnung: Sie sind nicht nur tatsächlich bemerkenswerte Beispiele der Sakralarchitektur in Tibet, sondern die Ausschmückung ihrer Kapellen macht aus ihnen wertvolle Zeugen der Entwicklung der tibetischen Kunst infolge der verschiedenen künstlerischen Einflüsse und der zunehmenden Herausbildung einer einheitlichen Malweise, die schließlich sich auf ganz Tibet ausdehnte. Ihre Benennung kommt daher, daß sie mehrere in Verbindung stehende Kapellen haben, die in mehreren Ebenen angeordnet, den Pilger immer näher bis zur Cella der Spitze heranführen, wo die verborgensten esoterischen Götter dargestellt sind. Die Ausmaße der Kapellen entsprechen denen der verschiedenen Etagen des Bauwerks, und ihre Wände sind buchstäblich mit Malerei bedeckt, die sowohl Götter als auch, und dies meistens, esoterische Zyklen, bildliche Diagramme der geheimen Bücher darstellt, an deren Ausführung Schulen verschiedener Herkunft beteiligt waren, die aber danach dazu beigetragen haben, die traditionelle tibetische Malerei zu entwickeln[125].

Es ist nicht selten, daß man in der Nähe heiliger Orte Reihen von Tschöten findet, die aus Erde oder aus ungebrannten, an der Sonne getrockneten Lehmziegeln gebaut sind: Sie erreichen in diesem Fall nach den Vorschriften der heiligen Literatur die Anzahl von 108 *(Abb. Nr. 82)*. Andere Tschöten sind am Unterbau völlig offen, in der Art einer Tür. Sie sind längs eines Weges angeordnet, so daß sie freien Durchgang erlauben. Anders ausgedrückt, dient die Tür mit ihren dicken Seitenmauern als Stütze für die eigentlichen Tschöten. In diesen Fällen ist die Decke mit Gemälden ausgeschmückt, die die allgemeinsten Götter des buddhistischen Pantheons wiedergeben.

Der Brauch, Reihen von 108 Tschöten zu errichten, ist in Westtibet ziemlich häufig anzutreffen, aber sehr selten in den anderen Gebieten Tibets; er gehört ohne jeden Zweifel zur ersten Periode der Renaissance des Buddhismus.

DIE ENTSTEHUNG
DER TIBETISCHEN KUNST

III

Der Einfluß der Nachbarländer

Bevor sie zu einem eigenen Stil gelangten — was sie taten, als sie es überdrüssig waren, fremde Vorbilder nachzuahmen, und als ihr eigener durch lange Erfahrung gebildeter Schönheitssinn in Erscheinung zu treten begann —, sind die Tibeter den Strömungen gefolgt, die ihre Kontakte mit den Nachbarländern bei ihnen bekannt gemacht hatten. Diese Einflüsse wurden auf zwei verschiedene Arten spürbar: entweder durch die Tatsache der Anwesenheit von Künstlern in Tibet, die aus diesen Ländern gekommen waren (dieses Vorhandensein ist der Anziehungskraft zu verdanken, die der Buddhismus in Tibet und sein Schicksal auf die buddhistischen Zentren anderer Länder ausgeübt haben könnte, oder historischen Gegebenheiten: in bestimmten Ländern gegenüber dem Buddhismus offenbar gewordene Feindschaft), oder durch die Pilgerfahrten, die die Tibeter immer häufiger zu den heiligen Stätten der Länder in der Nähe Tibets unternahmen.

Es empfiehlt sich hier, den Leser auf das Kapitel, das ich den Tempeln gewidmet habe, zu verweisen. Ich habe darauf hingewiesen, wenigstens bei einigen der bedeutendsten, daß sie mit fremden künstlerischen Strömungen in Zusammenhang stehen oder daß sie noch Dokumente enthalten, die offensichtlich von nichttibetischen künstlerischen Schulen stammen[126], seit der Zeit der Dynastie bis zum Beginn der Renaissance des Buddhismus, im 10.–11. Jahrhundert. Die Tibeter waren die ersten, die anerkannten, daß ihre Kunst, ob es sich um Malerei oder Plastik handelte, ursprünglich von fremden Vorbildern abhängt oder sich ableitet, und sie geben mit unverhohlenem Stolz zu, daß es unter den kostbarsten Schätzen, die in einigen ihrer Tempel enthalten sind, viele Werke gibt, die sie fremden Künstlern verdanken. Die geschriebenen Führer der Klöster versäumen nicht, wie wir gesehen haben, diese Dokumente hervorzuheben, um die sich eine uralte Tradition erhalten hat, die meistens auf historischer Grundlage beruht. Natürlich ist die Kenntnis, die die tibetischen Meister von der indischen, zentralasiatischen oder chinesischen Kunst haben, nicht so, daß sie imstande sind, über die Gegenstände hinaus, die der Aufmerksamkeit der Pilger empfohlen werden, noch weitere ebenso bedeutende oder sogar bedeutendere anzuerkennen. Wenn wir uns auf Ferrari[127] beschränken, so wurde von dem lotsāva von Nyan *(g Ñan)* eine Statue von Gon po *(mGon po)* nach Sakya gebracht[128]. In demselben Kloster wird als eins der wertvollsten Gegenstände eine Muschel mit einem Deckel aus geschlagenem Silber verwahrt, die ein indischer König einem chinesischen König als Geschenk dargebracht hat und die später von Khubilai dem Kloster von Sakya geschenkt wurde, dessen Äbte, nach Phakpa *(a P'ags pa)*, seine Lehrer waren[129]. Ebenso soll das Bild des Dölma *(sGrol ma)* im Dölmalhakhang *(sGrol ma lha k'an)* desselben Klosters, man weiß nicht wo, gefunden und dort von dem lotsāva von Bari zurückgelassen worden sein. Der Mañjusrī genannte Ziöbarva *(gZi'od abar ba)*, den man hier verehrt, stammt auch aus Kaschmir und soll ein Geschenk von Sakyapentschen (Sa skya Paṇ c'en) gewesen sein[130]. Wir kommen hierauf zurück.

Die Statue von Maitreya von Gadong *(dGa' sdoṅ)* stammt ebenfalls aus Indien[131]; sie wurde von Ṭhsulṭhimtschungne *(Ts'ul k'rims abyuṅ gnas)* aus Ostindien mitgebracht. Die Hauptstatue von Zha lu *(Ža lu)* stellt Khasarpana dar und wurde von Scheraptschungne *(Šer rab abyuṅ gnas)* mitgebracht, der sie in Bodhgayā erhalten hatte.

In Samye zeigt man den Pilgern eine Statue, die Padmavajra gehört[132]. Die Statue aus vergoldeter Bronze des Avalokiteśvara, die sich im Potala befindet, soll von Ākaramati aus Nepal gebracht worden sein. Wie man weiter oben gesehen hat[133], war Lhasa berühmt wegen zwei verschiedener Statuen, die aus China oder Indien gekommen waren: Der Jobo Mi bskyo rdo rje, Akṣobhyavajra, den die nepalesische Gemahlin des Songtsengampo mitgebracht hat, soll das Werk von Viśvakarman, dem Künstler der Götter, sein; die Statue des Dölma *(sGrol ma, Dar len ma)*, die jetzt im Thulnang ist, soll ebenfalls von derselben Königin mitgebracht worden sein, wie es Maitreya Tschökorma *(C'os kor ma)* machte; die Statue des Avalokiteśvara mit elf Köpfen wird rangtschung *(raṅ byuṅ)* «selbst geschaffen» genannt: Man erzählt in der Tat, daß die Ausführung einem nepalesischen Künstler anvertraut war, aber daß dieser bekannte, daß er nicht der Schöpfer dieser Statue war, und daß sie von selbst vor ihm aufgetaucht sei. Aber Putön *(bu ston)*[134] versichert, daß sie aus Nepal nach Tibet eingeführt worden ist.

Diese Angaben werden sowohl durch bestimmte tibetische Autoren bestätigt, die, als sie indische Überlieferungen übernahmen, auf die fremden Einflüsse angespielt haben, indem sie sogar die Namen der Meister der Schulen der Halbinsel erwähnten, von denen die verschiedenen künstlerischen Strömungen Tibets ausgegangen sein sollen, als auch durch bestimmte Autoren von Abhandlungen, die sich vor allem mit den verschiedenen Arten befaßten, die Statuen zu gießen oder zu modellieren, und die kurz als Vorwort angegeben haben, welche Stile in Tibet vorherrschten und was ihr Ursprung war. Diese Bestätigungen indischer Urheber ergeben sich nicht nur aus dem Vorhandensein von Kunstwerken, die noch in den Tempeln erhalten sind: Sie stützen sich auch, wie man gesagt hat, auf indische Angaben, die der berühmte Schreiber Tāranātha[135] und einer seiner Nachfolger, Sumpakhenpo *(Sum pa mk'an po)*[136], der dieselbe Quelle benutzte, weitergegeben haben. Die Prototypen und die Meister der tibetischen Kunst sollen auf die Schule von Dhīmān und seinem Sohn Bitpala (Vidyāpāla?) zurückgehen, die zur Zeit von Devapāla und Dharmapāla lebten (8.–9. Jahrhundert). Beide sollen in Nālandā gearbeitet haben.

Der Stil des Vaters soll sich in Ostindien, das heißt in Bengalen, ausgebreitet haben; während der des Sohnes Zentralindien beeinflußt haben soll, von wo aus er die Westprovinzen erreichte und auch Nepal. Sumpakhenpo fügt eine sehr wichtige Angabe hinzu: Über diese hinaus soll es mehrere andere florierende Schulen gegeben haben, eine in Kaschmir, die sich auf Hasarāja beruft, die andere in Südindien, wo die führenden Künstler Jaya, Vijaya und Parojaya sich wenigstens indirekt an diese Schule angeschlossen hätten. Diese Angabe ist wichtig, weil, wie wir im folgenden sehen werden, die Gemälde von Phüntshokling Analogien zur Kunst Südindiens darstellen.

Diese Quelle spricht von zovā *(bzo ba)*, Künstlern oder Handwerkern, die in beiden Zweigen der entsprechenden Kunst zu Meistern geworden waren: Gießen von Statuen und Zeichenkunst *(lha bris, ri mo)*, also Malerei. Auf jeden Fall ist es sicher, daß die Strömungen, deren Anführer sie waren, in Tibet vertreten sind, daß es direkten Kontakt gegeben hat, oder daß der Vermittler aus Kaschmir oder Nepal gewesen ist. Man muß natürlich hier auch den Einfluß der Kunst Hindu Shāhī hinzufügen, der klar bei mehreren Statuen, die ich in tibetischen Klöstern gesehen habe, vor allem in Sakya, in Erscheinung tritt, sowie nepalesische, chinesische oder zentralasiatische (Khotan) ältere Strömungen, auf die zum Beispiel der Khatangdenga *(bKa' t'aṅ sde lṅa)* anspielt. Die Angaben, die wir in einer alten tibetischen Chronik finden, sind besonders bedeutend, obwohl sie im Laufe der Zeit Veränderungen durchgemacht hat[137]. Nach dieser Quelle wurden die Künstler unter dem König Ṭitsukdetsen *(K'ri gtsug lde brtsan)* aus China, Nepal, Khotan und Kaschmir nach Tibet eingeladen. Der König empfand eine große Bewunderung für einen Künstler aus Khotan, der als «der König der Art von Khotan» bekannt war. Er arbeitet in Tibet mit seinen drei Söhnen und Steinmetzen aus Nepal. Die Chroniken des V. Dalai-Lama spielen auch auf dieselben Verzweigungen an[138]. Man muß sich außerdem daran erinnern, daß die Manier von Khotan und Indien durch die Inschriften von Iwang bezeugt sind[139], die ich schon nach anderen Dokumenten erwähnt habe. Vor den Kriegen, unter denen so viele Klöster im Laufe der inneren Kämpfe gelitten haben, die Tibet während mehrerer Jahrhunderte zerrütteten, oder an den Orten, die von Feuersbrunst heimgesucht wurden, müssen solche

142

143

144

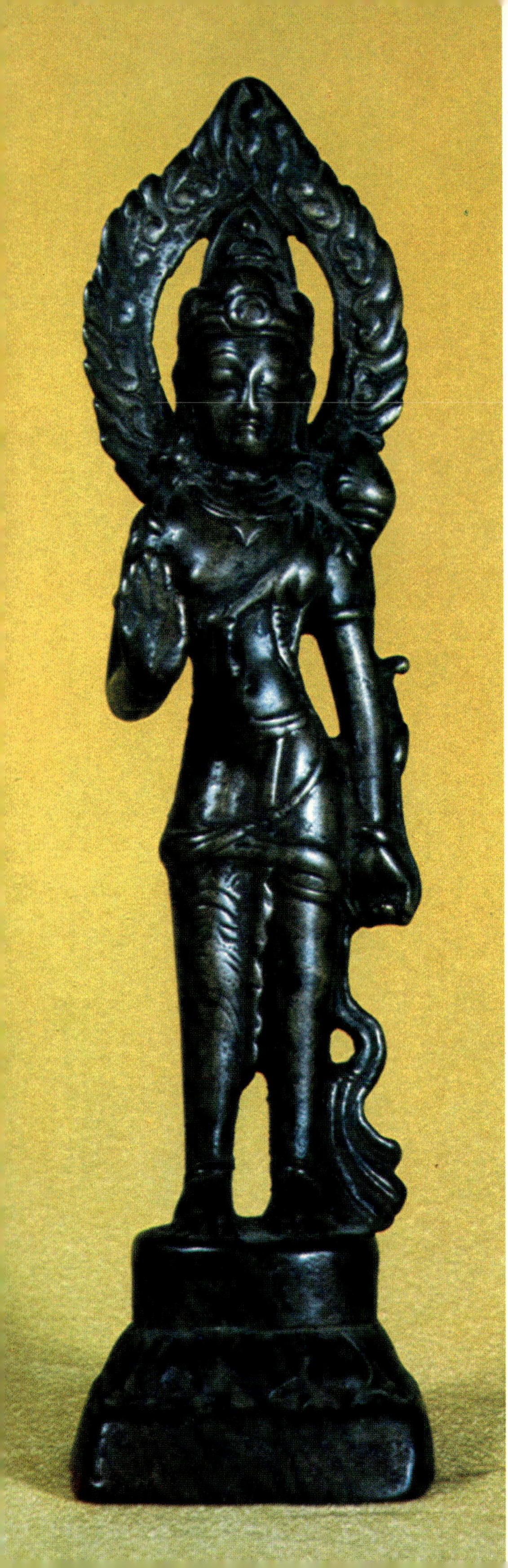
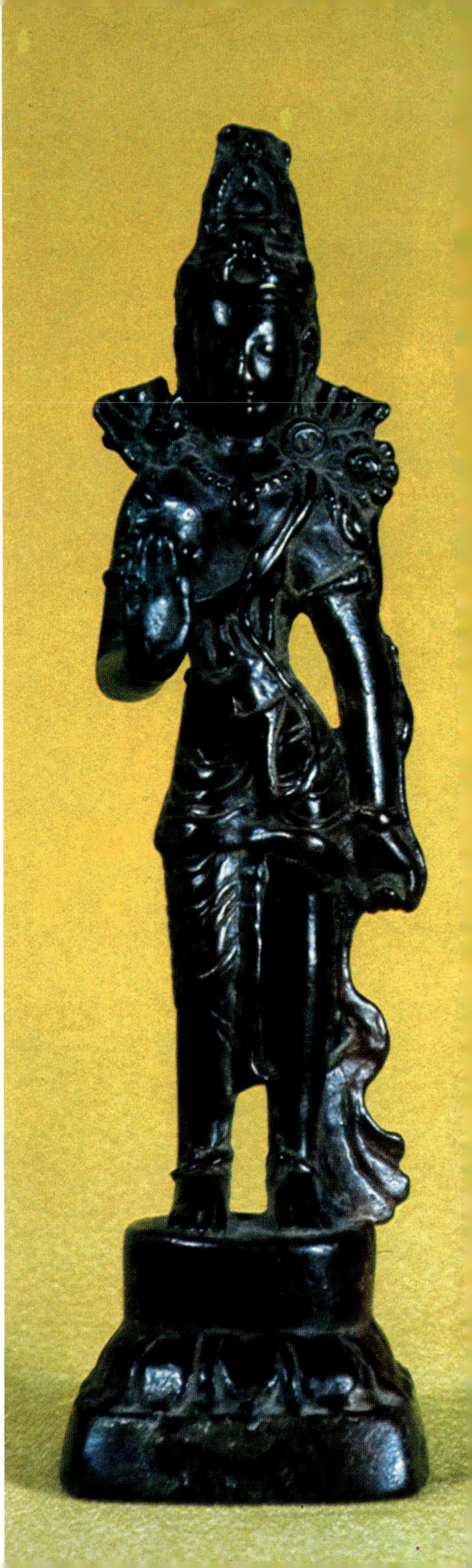

← 145, 146   147

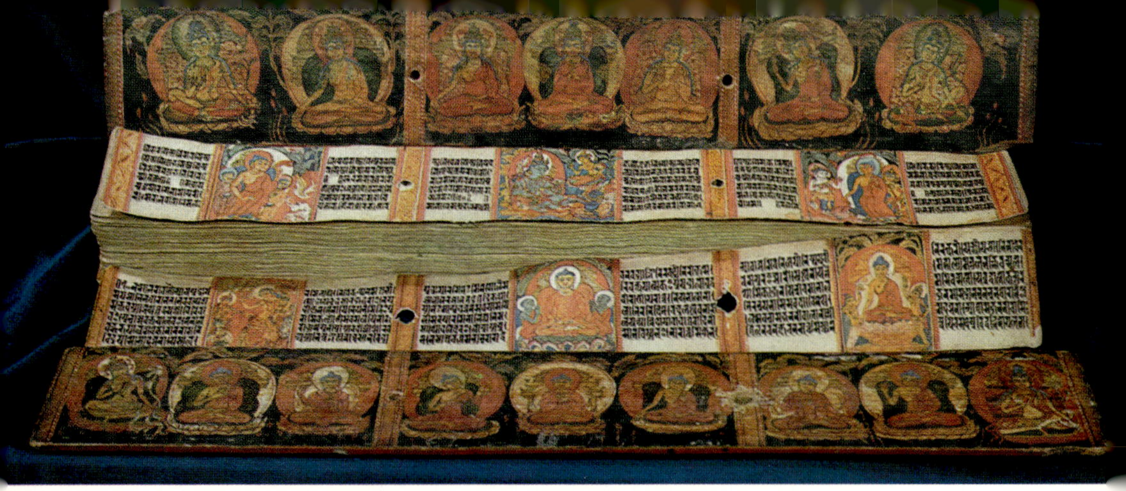

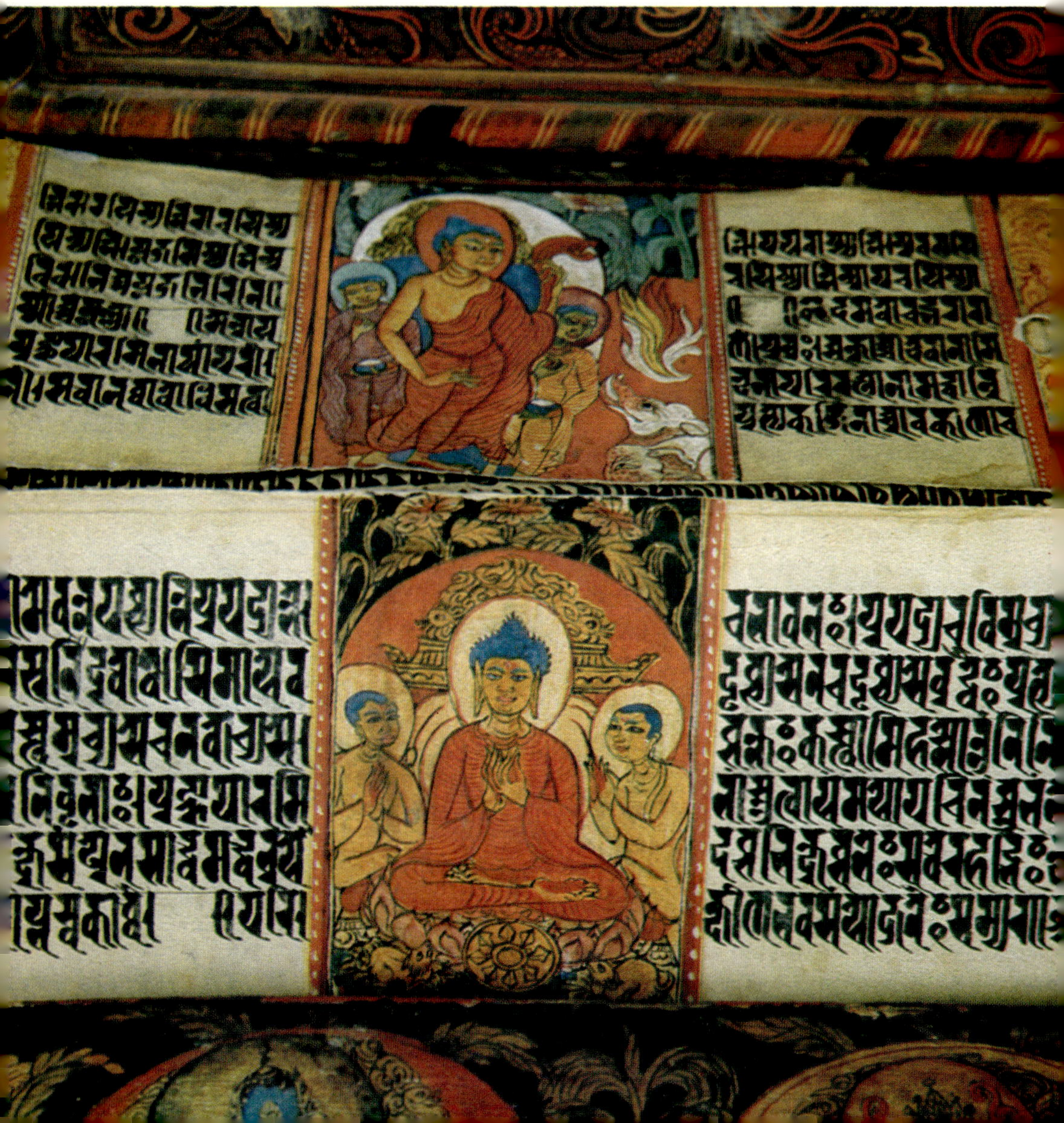

← 149

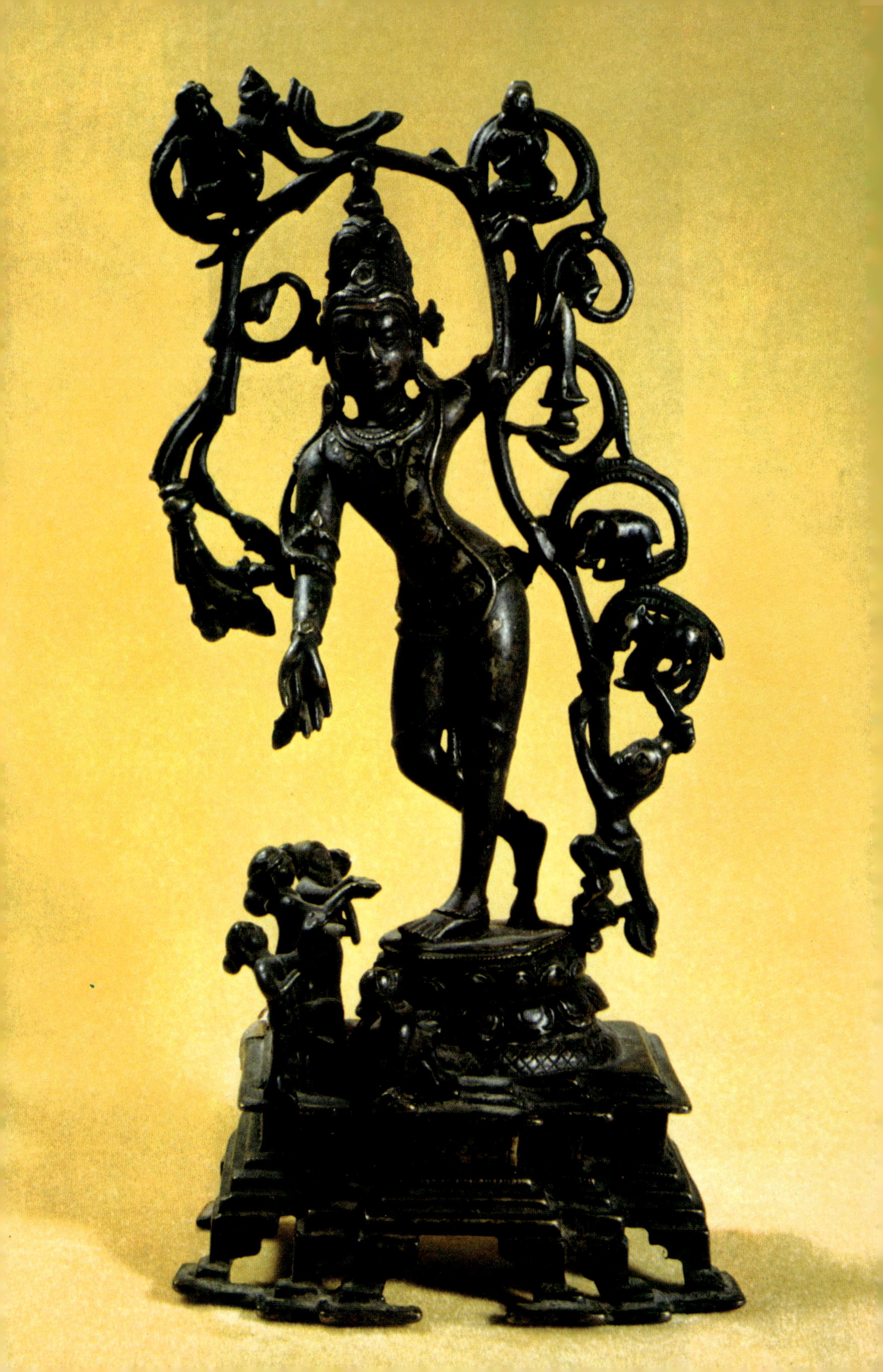

← 151

152

153

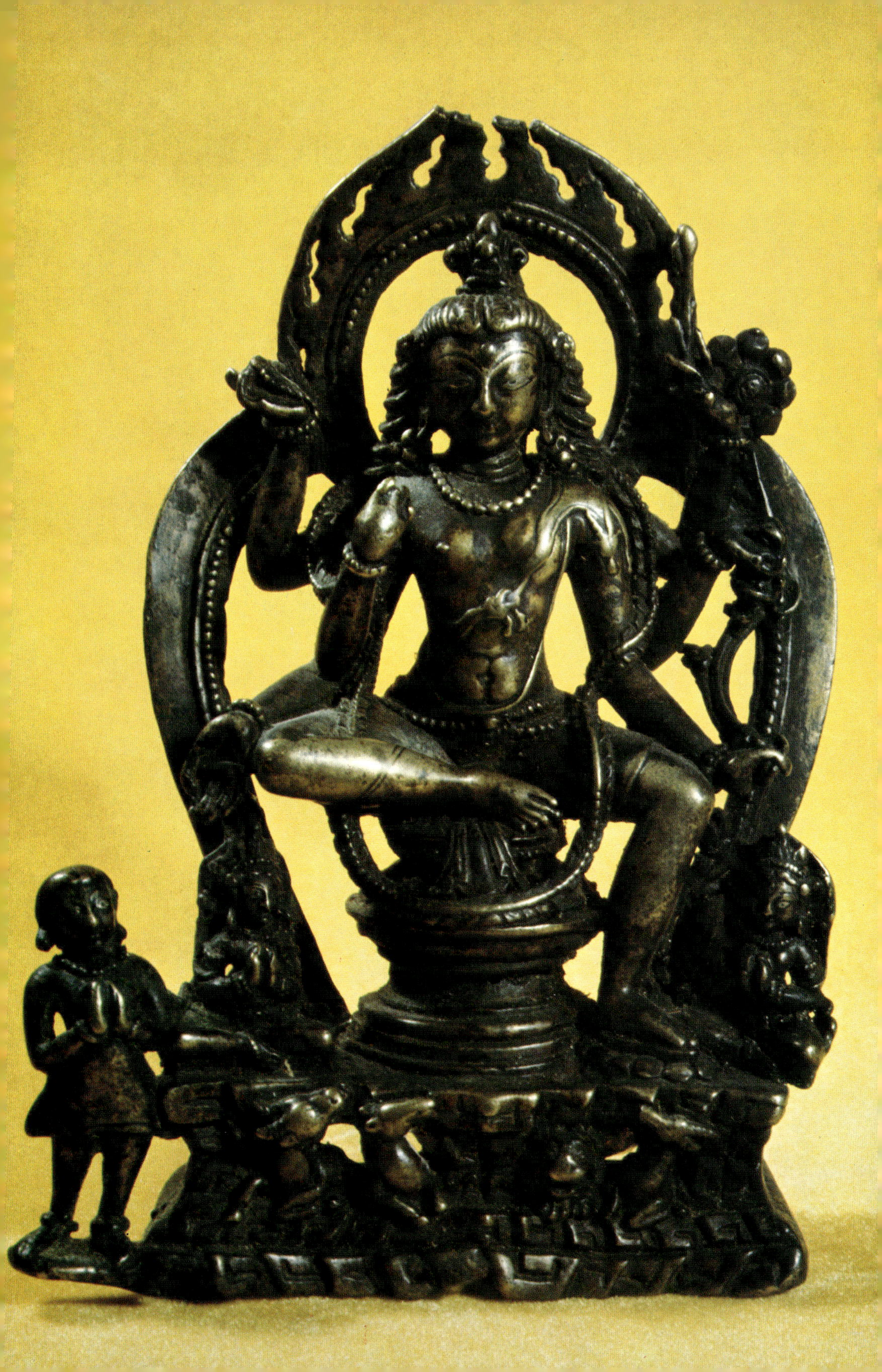

155

156

157 ↑   158 159

160, 161 ↑ 162 163

164,165

166

167, 168, 169

170

171

172

173

174

175

176

177   178   179 →

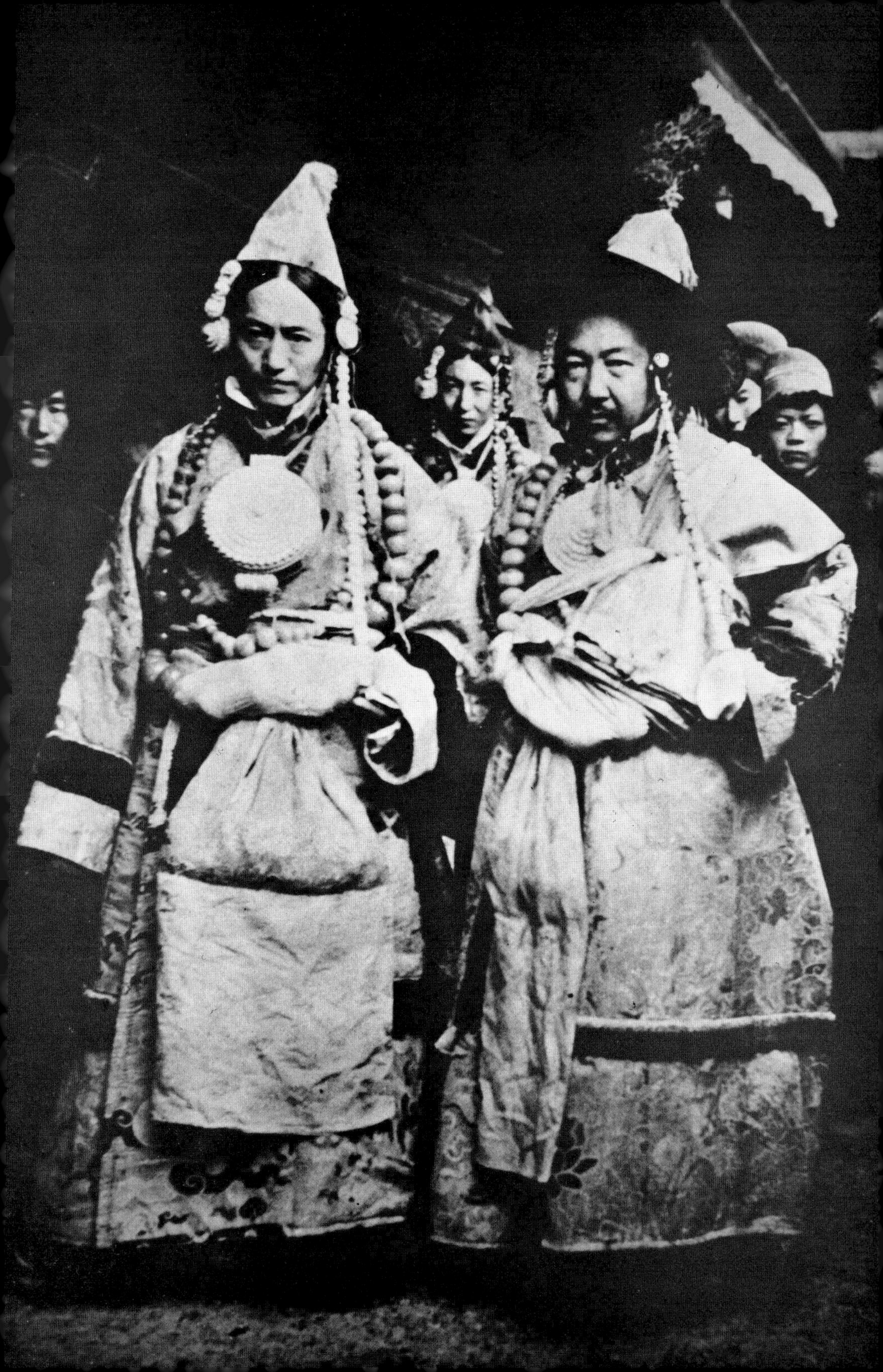

180

181

182

183

184

185

186, 187, 188 ↑ 189

190, 191

192, 193

194 ↑   195   196

197, 198 ↑   199   200

201

Dokumente weitaus zahlreicher gewesen sein als heute. Hier muß man noch die Manie der Restauration hinzufügen, die, wohlverstanden, die Tibeter nicht so wie wir auffassen. Wenn, in der Tat, die mit Fresken bemalten Mauern in den Tempeln zu verkommen begannen, beeilte man sich, die alten Kompositionen zu entfernen, um stattdessen andere zu malen.

Wie es auch immer ist, die Tatsache besteht, daß die Fachliteratur einerseits, und die Überlieferung, die noch in den Klöstern besteht, andererseits eine wie die andere bestätigt, daß die Entstehung der tibetischen Kunst dem Einfluß fremder Schulen und Vorbilder zu verdanken ist. Die Stile lassen sich im wesentlichen auf vier zurückführen: Nepal, China, Zentralasien und Indien. Was Indien betrifft, so unterscheidet man eine bestimmte Anzahl von Untergruppen: Zentralindien, Ostindien, Südindien und Westindien, noch unverkennbarer Nepal. Was den chinesischen Stil betrifft, so sprechen die Quellen von einem alten chinesischen Stil und einem modernen. Was die Formen betrifft, die in die tibetische Plastik zur Zeit der Tschöghiel *(C'os rgyal)*, also zur Zeit der Dynastie, eingeführt wurden, so teilen dieselben Autoren die Darstellungen in drei Gruppen: jene der ersten Periode, jene der Übergangszeit und schließlich jene der Spätzeit. Unter den verschiedenen künstlerischen Strömungen erwähnen sie auch jene, die die Uiguren eingeführt haben[140]. In den Bildern von Westindien sind die von Kaschmir miteingeschlossen, während, nach einem berühmten tibetischen Schreiber, Pemakarpo *(Pad ma dkar po)*, die Bilder aus der Zeit der Könige der tibetischen Dynastie dem Einfluß des Stils von Li (Khotan) folgen[141].

Fremde Werke und örtliche Nachahmungen

Neben dem Unterschied der Stile, der notwendigerweise unsicher und oft willkürlich ist, betrachten die Autoren, die sich mit der Frage beschäftigt haben, auch die verwendeten verschiedenen Materialien und die Ausführung der Arbeit. Das, was sie darüber geschrieben haben, wird von der großen Zahl nichttibetischer Skulpturen und Gemälde bestätigt, die man in den tibetischen Klöstern bewundern kann, und durch die offensichtliche Nachahmung fremder Vorbilder, die die Verschiedenartigkeit der künstlerischen Strömungen, die in Tibet gleichzeitig vorhanden waren, bezeugen. Dies alles beweist die weiter oben aufgestellte Hypothese, nach der bestimmte Werke eingeführt worden sind oder sich durch die wiederholte Einführung fremder Künstler in Tibet erklären, die ihre Schüler, die zu ihren Schulen herbeiströmen, lehren, wie man malt, wie man Statuen gießt oder wie man Holz schnitzt. Die Erinnerung an einige dieser Schulen besteht noch in Westtibet: Zum Beispiel galt Luk, das heute ein Dorf mit wenigen ärmlichen Häusern ist, als eines der Hauptkunstzentren des Landes.

Die Abbildung *Nr. 155* gibt eine Statue genau wieder, die dort gefunden worden ist. Sie wird in dem kleinen örtlichen Tempel verehrt und von der Überlieferung den alten Handwerkern des Ortes zugeschrieben. Danach war es Tanak *(rTa nag)*, das eins der bedeutendsten Zentren wurde, während Osttibet weiter unter chinesischem Einfluß verblieb.

Ohne zu wiederholen, was weiter oben über die Tempel gesagt worden ist, kann man jedoch daran erinnern, daß sehr seltene Dokumente geeignet sind, der ersten Periode zugeschrieben zu werden, jener der Dynastie, mehr oder weniger ab der Epoche des Ṭisongdetsen: Die Glocken, die in Samye, in Ṭhantuk *(K'ra ḁbrug)* und in Yer pa erhalten sind, sind nach chinesischen Vorbildern gegossen worden, vielleicht von chinesischen Künstlern, die in Tibet ansässig waren, denn die Inschriften, die man darauf lesen kann, sind Tibetisch. Im Kloster von Ngariṭatsang bewundert man einen Tschöten, der bestimmt auf die Epoche T'ang zurückgeht *(Abb. Nr. 87)* und aus Zentralasien eingeführt worden sein kann[142]. Ebenso aus Zentralasien stammt eine Thangka mit Gestalten des Bodhisattwa, jede mit ihrem Namen in chinesischen Buchstaben versehen. Unglücklicherweise ist das Photo, das man davon gemacht hat, so schlecht, daß man es nicht veröffentlichen kann.

Man muß sehr vorsichtig sein, was den Ramotsche (oder Jokhang) von Lhasa betrifft — dieses aus den oben angegebenen Gründen. Nur eine sachkundige Restaurierung könnte aufdecken, ob noch etwas übriggeblieben ist, was aus der Zeit der Dynastie stammt: Die Pfeiler, die das Atrium umgeben, sind meiner Meinung nach aus einer viel späteren Zeit als die Gründung, und ich würde sie gern mit denen von Samada *(Abb. Nr. 126)* vergleichen: Das, was alt an dem Tempel ist, muß der Zeit seiner Wiederherstellung zugeschrieben werden, während der zweiten Ausbreitung des buddhistischen Glaubens. Mit dieser Periode werden die Dokumente sehr zahlreich.

Als der Buddhismus beginnt, sich in Tibet neuzugestalten, werden die Zeugnisse tatsächlich sehr zahlreich. Ich habe weiter oben schon von der Wandmalerei in Mangnang *(Maṅ naṅ)* in Westtibet gesprochen, die unwiderlegbar in diesem Gebiet das Vorhandensein von Gemälden in Kaschmirmanier beweisen. Man findet auch in Tholing und in Tsaparang Fresken, die verschiedene Episoden aus dem Leben Buddhas darstellen[143]; hier macht Buddha seine ersten Schritte *(Abb. Nr. 104)*.

Aber es gibt nicht nur die Maler; Rintschensangpo *(Rin c'en bzaṅ po)* ließ ebenfalls die Bildhauer nach Tibet kommen und vielleicht auch die Gießer der Statuen, obwohl viele Statuen wahrscheinlich eingeführt worden sind. Rintschensangpo soll nach einem seiner Biographen einen Künstler aus Kaschmir mit Namen Bhi ta ka (oder Bi ta ka) mit einer Bronzestatue von seinem Vater beauftragt haben. Dieser Hinweis ist aus zwei Gesichtspunkten bedeutsam: Einerseits, weil er tatsächlich einmal mehr die Mitwirkung Kaschmirs bei der Bildung der tibetischen Kunst bestätigt, und andererseits bezieht er sich auf einen Bestattungsbrauch, der bei den Mongolen üblich, in Tibet aber nur bei den Königsgräbern bezeugt ist[143]. Das Zuströmen fremder Werke mußte in gleichem Maße zunehmen, wie der Islam sich ausbreitete und die buddhistischen Zentren in Afghanistan und Zentralasien ausgemerzt wurden, weshalb die Überlebenden eine Zuflucht suchten. Ich habe schon weiter oben von den beiden Holzfragmenten gesprochen, die die Türen von Tabo *(Abb. Nr. 129, 136)* zieren: Über ihre Zugehörigkeit zur Kunst Kaschmirs besteht kein Zweifel[144].

Ebenso braucht man bei der Zuschreibung des Portals von Tsaparang *(Abb. (Nr. 133, 138)*, dessen übereinanderliegende Felder verschiedene Episoden aus dem Leben Buddhas zeigen, an Bildhauer aus Kaschmir nicht zu zögern. Unter den Gegenständen aus derselben Quelle muß man, außer den Holzskulpturen von Alchi, von denen man hier einige Beispiele findet *(Abb. Nr. 134, 135, 139, 150)*, eine Holzstatue aus Luk nennen *(Abb. Nr. 144)*, ein Ort, von dem wir schon so oft gesprochen haben. Auch die Tür von Lhatse in dem kleinen dem Meister Gayādhara aus Kaschmir geweihten Tempel *(Abb. Nr. 137)* muß man ebenso Handwerkern aus Kaschmir zuschreiben. Diese letzten Skulpturen sind um so interessanter, als sie in der indischen Plastik sehr bekannte Motive wiedergeben, nämlich die beiden Göttinnen, die die Yamunā und die Gaṅga symbolisieren. Man muß derselben Quelle ein Fragment einer Aureole aus Bronze zuschreiben, das aus Tsaparang kommt, wo man einen Mönch sieht, der ein Gefäß in der Hand hält, das zur Aufnahme der Almosen bestimmt ist[145]. Wenn wir nach Kojarnath weitergehen, nicht weit von den Grenzen Nepals entfernt, findet man wunderbare Holzskulpturen[146]. Die Hauptstatue, die die Pilger beständig an diesen Ort zieht (und von der ich mit großer Mühe den Stoff, der sie bedeckte, entfernen lassen konnte, um sie zu photographieren) ist indisch und kommt wahrscheinlich aus Nālandā[147], während die Statue von Vajrapāni, ein einzigartiges Stück, das noch in Tholing vorhanden ist *(Abb. Nr. 127)*, aus Kaschmir stammt. Im Kloster von Iwang, das schon erwähnt wurde und wo, nach den Inschriften selbst, zwei verschiedene künstlerische Stile übernommen wurden, der indische und der khotanische Stil[148], die Gestalten der Bodhisattwa, aufrecht mit dem Ende des Mantels nach außen vorspringend, erinnern sehr an jene der Heiligtümer Zentralasiens. Selbst der Heiligenschein, der den Kopf umgibt, erhebt sich nach oben, so daß er in einer Spitze endet: Man findet Beispiele dieses Typs in Kulu und Bajaurā[149], und man kann diese Bemerkung ausdehnen auf alle Gegenden des Himalaja wie Tschambā, Kulu und in Spiti *(Abb. Nr. 142)*, wo sich sehr interessante Schulen von großer künstlerischer Originalität bildeten. Aber in den Tempeln von Iwang und Samada bestätigen der Heiligenschein, dessen Spitze sich oft nach unten biegt, die Mäntel, die in Glockenform mit rhythmischer Bewegung der Falten fallen, die Maleffekte die Angaben der weiter oben erwähnten Inschrift und halten Verbindungen mit Zentralasien oder eine von dort gekommene Anregung für möglich[150].

Noch bedeutender in dieser Hinsicht ist eine andere Kapelle, wo die stehenden Bodhisattwa prächtig mit langen Gewändern bekleidet sind, mit erhabenen Medaillons geschmückt, die Löwen, Vögel und Blumenmotive zeigen, die einen offensichtlich sassanidischen Einfluß verraten[151]. Es handelt sich hier nicht um ein Einzelbeispiel, denn man findet dieselbe Art Gewänder, deren sassanidische Herkunft gesichert ist, in Nesar sowie in den Kapellen von *Bya sa* und von Danang *(Abb. Nr. 162, 163)* südlich des Tsangpo. Dies beweist, daß die Mode der sassanidischen oder sassanidischem Einfluß unterliegenden Gewänder in Tibet sehr lange gedauert hat. Vielleicht ist sie von den Adligen übernommen worden und ging so auf die Abbilder der Boddhisattwa über, die man allgemein *rgyal sras* (= Söhne der Könige) nennt[152]. Wir wissen nicht genau, auf welche Zeit der Bau dieser Tempel zurückgeht: Wenn Iwang mit Yemar *(gYe dmar)* von Myaṅ c'uṅ (handschriftliche Chronik von Ghiantse) übereinstimmt — ein ausführlicher Führer von Ghiantse und Umgebung —, muß sein Gründer Lharjetschötschang *(Lha rje C'os byaṅ)* gewesen sein, eine frühere Inkarnation von Sākyaśrī, der 1204 in Tibet ankam. Damit ist die Ankunft von Lharjetschötschang vor diesem Datum fixiert, ohne daß man sie allerdings genauer bestimmen könnte.

Diesen Beispielen, die ein gesichertes, obwohl indirektes Zeugnis sassanidischer Kunst darstellen, muß man einen Kelch aus Silber oder mit Silber überzogen hinzufügen, der von Snellgrove/Richardson veröffentlicht wurde[153], der eine Reihe Figuren zeigt, die mit kahlen, sehr stilisierten Bäumen abwechseln, die an hellenisierende Motive erinnern, während der mit Wellen und Fischen verzierte Grund von chinesischen Traditionen beeinflußt ist, die man trotz alledem auch auf anderen sassanidischen Kelchen findet.

Ein gutes Beispiel, um die außerordentliche Anzahl indischer Statuen in Tibet zu veranschaulichen, ist besonders der Sakyapa Tempel, der Zhitok *(bŽi t'og)* genannt wird, der in der Veranda auf seiner Spitze in meterlangen Regalen Hunderte indischer Statuen enthält, von denen nicht alle buddhistisch sind, denn es gibt dort eine dschainistische Statue des 13.-14. Jahrhunderts[154] *(Abb. Nr. 157, 158)*. Sie bilden die umfangreichste Sammlung, die ich von indischen Statuen im Hindu-, Shāhī, Kaschmir-, Pala- und Senastil kenne *(Abb. 145, 146, 147, 151, 152, 153)*. Einige darunter sind zweifelsohne aus Nālandā und Kurkihar *(Abb. Nr. 166)* eingeführt worden. Außer den Bronzestatuen oder jenen, die man aṣṭadhātu nennt, weil sie aus acht verschiedenen Metallen gearbeitet sind und als besonders wertvoll angesehen werden, brachten die Pilger Bilder mit, die in Sanskrit paṭa und auf Tibetisch thangka *(t'aṅ ka)* heißen. Obwohl sie heute in den Tempeln hängen, zeigt ihr Name, daß sie ursprünglich aufgerollt getragen wurden, wie man es noch heute tut, wenn man auf Reisen ist, um sich gegen Unglück zu schützen, und die die Fabelsänger benutzten, um die Episoden, die sie erzählten, entsprechend zu illustrieren. Durch das Fehlen der Originale, die ihre Vorbilder waren, ist es schwierig zu sagen, welches die vorherrschenden Stile waren. Aus geographischen Gründen und durch Vergleich mit dem, was wir über Plastiken wissen, die bis auf uns gekommen sind, können wir sagen, daß in Westtibet zuerst der kaschmirische und dann der nepalesische Stil vorgeherrscht hat.

Der Kaschmir- und der Nepalstil

Im Gegensatz zu dem, was ich früher geschrieben habe, neige ich jetzt dazu zu glauben, daß der Heiligenschein einer Statue, die in Narthang verehrt wird, eher kaschmirischer Herkunft ist als von einem bengalischen Vorbild stammt *(Abb. Nr. 140)*. In der Mitte des Rankenornaments zeigt dieser Heiligenschein mit einer selten erreichten Würde der Ausführung verschiedene Episoden aus dem Leben Buddhas. Das Werk ist bemerkenswert durch die Eleganz der Ausführung, die weit besser ist als jene der Portale von Tholing und Tsaparang. Ein Teil des Heiligenscheins ist in dem *Hsi-t'sang fu chiao i shu*[156] von Lin I-ssu veröffentlicht. Dieses Buch stammt aus dem Jahr 1093, also aus der Sungperiode. Ich weiß nicht, auf welchen Grundlagen diese Datierung beruht, denn ich habe keine Inschrift gesehen, als ich in Narthang war. Die Zugehörigkeit des Werkes zur Kunst Kaschmirs ist durch seinen Stil erwiesen und auch durch die Gegenüberstellung mit einer vielleicht viel älteren Statue *(Abb. Nr. 172)*, die von Pal[157] veröffentlicht wurde, obwohl es schwierig ist, einen genauen Zusammenhang zwischen den Statuen und einem Heiligenschein herzustellen, da jene in späterer Zeit diesem hinzugefügt worden sein können. In demselben Kloster findet man die Statue nicht gesicherter Herkunft, die auf *Abbildung Nr. 176* zu sehen ist. Ich kann auch nicht die Herkunft der anderen Statue, die auf dem Photo *Nr. 161* abgebildet ist, feststellen, die aber keinesfalls tibetisch ist.

Von diesen Werken kann man nicht die Aureole trennen, die im Kloster von Nenying *(gNas rñin)*[158] erhalten ist *(Abb. Nr. 141)*. Die zwei Statuetten von

Tārā in Nethang, die Atīśa aus Indien gebracht haben soll *(Abb. Nr. 175)*, sind mit Sicherheit nicht nepalesisch, sondern viel neuer und in Tibet hergestellt. Es ist auch sehr wahrscheinlich, daß die Silberverzierung der Muschel, die im Kloster von Pökhang *(sPos k'aṅ)*, das von einem Schüler von Katsche Pentschen *(K'a c'e Pan c'en Sa kya śrī)* gegründet wurde, bewahrt wird, aus Kaschmir stammt *(Abb. Nr. 165)*. In Samye sind nur wenige indische Dokumente erhalten, da der Rest bei Zerstörungen oder Feuer vernichtet worden ist. Es ist aber der Mühe wert, an eine Bronzestatue zu erinnern, die mit jenen von Tārā zu vergleichen ist, die von Tippera kommen *(Abb. Nr. 147)*[159]. Einige dieser Statuen sind aus goldener Bronze, aber die meisten sind aus einer sehr dunklen Bronze, wie die aus Bengalen oder aus dem Gangesgebiet in Indien, immer aus der Periode Pāla und Sena; andere wiederum sind aus einer bestimmten Legierung aus acht Metallen (aṣṭadhātu) hergestellt, die in Indien als die wertvollste gilt[160].

Man muß der Darstellung des Padmāpaṇi von Pökhang, die auf der *Abbildung Nr. 160* wiedergegeben ist, eine besondere Erwähnung widmen: Obwohl sie in den Zügen und der Frisur viele Analogien zu den Typen aus Südindien zeigt, kann sie trotzdem aus Bengalen stammen, wo es nicht an Bildnissen mit leicht verlängerten oder fast eiförmigem Gesicht fehlt[161]. Man darf auch eine Lampe mit Lotosblättern nicht vergessen, die sich öffnen und schließen können. Diese Lampen sind aus Bronze, und jede von ihnen enthält als Hochrelief paarweise zusammengefügte Figuren der Götter *yab yum*[162].

Dieselben Erklärungen kann man auf zahlreiche Tschöten anwenden, die man im Innern der Tempel bewundert. Da sie oft aus zusammengefügten Bronzeplättchen gemacht sind, die eine innere Struktur, die normalerweise aus Holz ist, bedecken, ist es nicht sicher, daß die Tschöten, deren Herkunft sicher nicht tibetisch ist, im ganzen von ihrem Ursprungsort

202

203

204

205

206

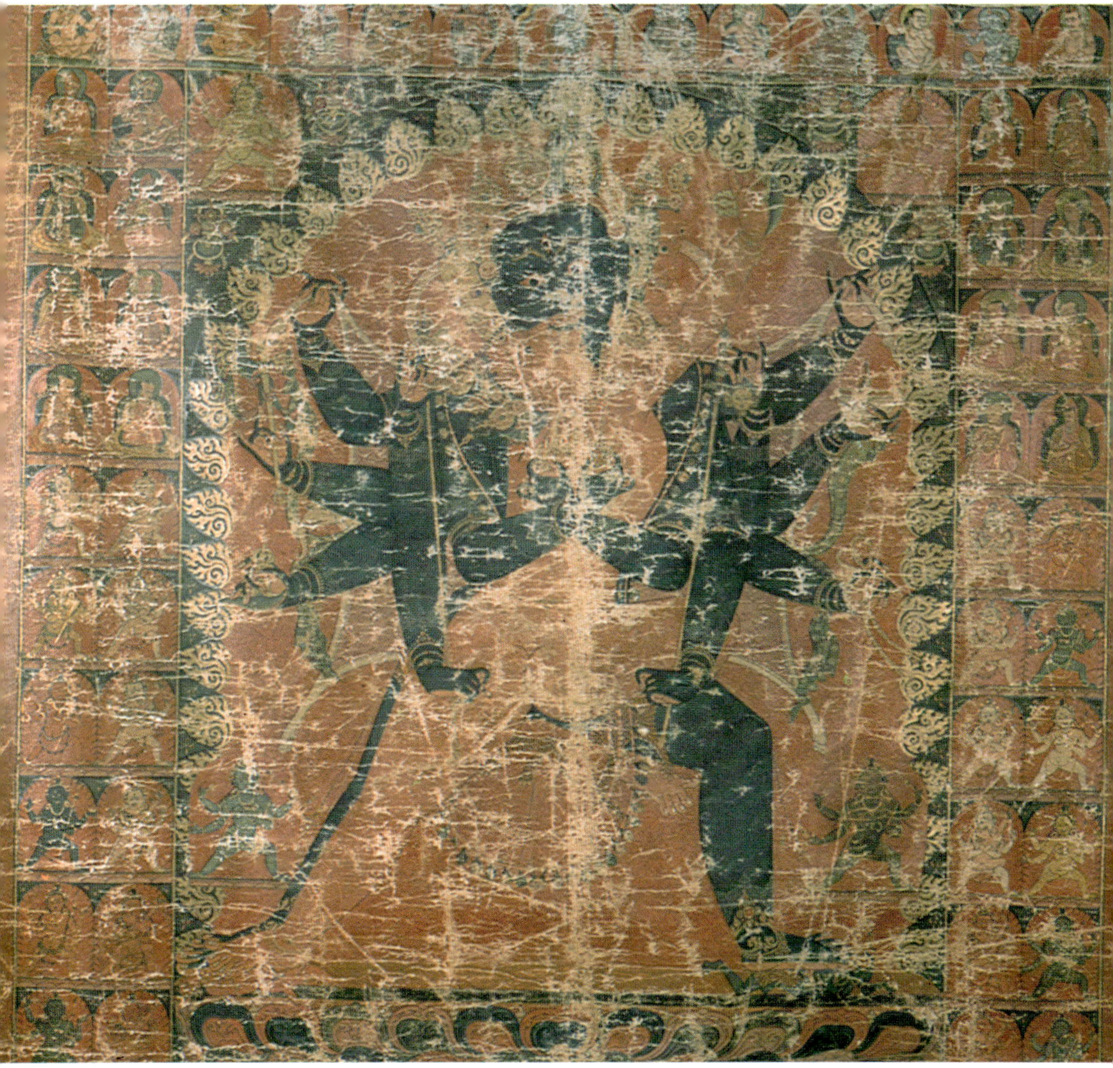

208

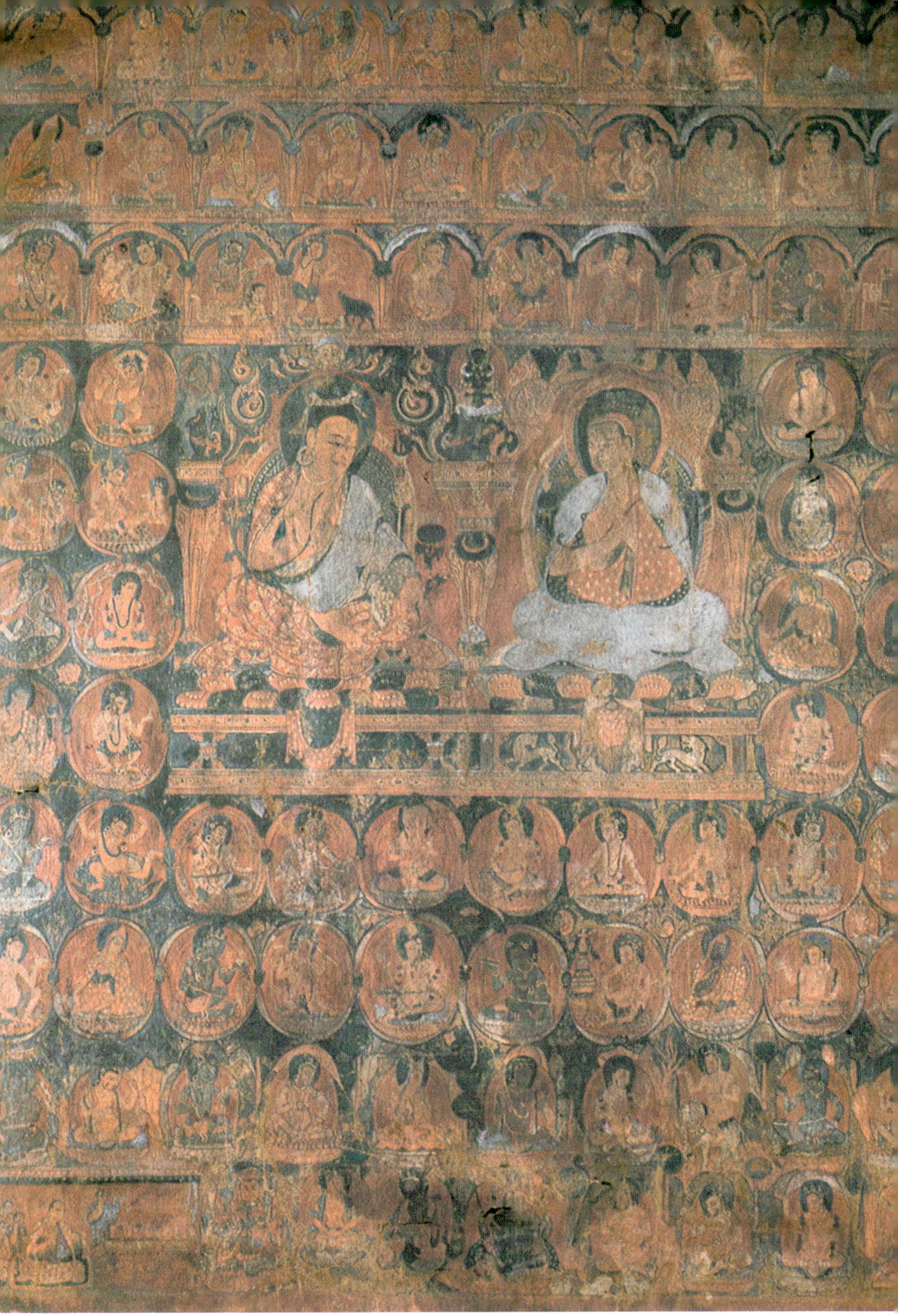

210

hierhergebracht worden sind. Ihre verschiedenen Elemente könnten erst an Ort und Stelle angebracht worden sein, wobei einige von ausländischen Künstlern in Tibet selbst hergestellt worden sind, vor allem in Westtibet und auch in Zentraltibet; man bewundert wunderschöne Beispiele aus Kaschmir, einige von ihnen mit Motiven, die aus Zentralasien stammen *(Abb. Nr 171)*; durch ihre Verzierung und ihren Stil sind sie den Aureolen, von denen wir weiter oben gesprochen haben, sehr ähnlich. Aber nach und nach sind es die nepalesischen Schulen, die sich aus verschiedenen Gründen durchsetzen: Der Niedergang der großen buddhistischen Zentren in Indien unterbrach den intensiven und dauernden Austausch, der ungefähr bis zur Zeit des Atiśa zwischen den beiden Ländern stattfand; die Nähe Nepals, die immer häufigeren Handelskontakte mit diesem Land, das Ansehen, das der Buddhismus hier genoß, alle diese Faktoren lassen die Interessen der tibetischen Gemeinschaft in Katmandu und den Nachbarregionen zusammenlaufen. An die Stelle der alten Modelle aus Kaschmir, von denen wir gesprochen haben, treten nun die Statuen und die Tschöten, die von nepalesischen Künstlern hergestellt werden. Was die Tschöten betrifft, muß man allerdings auf eine einzigartige Ausnahme hinweisen, die man im Kloster von Narthang bewundern kann: Es ist ein außergewöhnliches Monument, das augenscheinlich einen südostasiatischen Ursprung verrät *(Abb. Nr. 169)*; es ist schwierig zu sagen, wie es dort hingekommen ist, ohne Zweifel nach einer Zwischenstation irgendwo in Indien. Die Aufmerksamkeit richtet sich auch auf zwei andere Tschöten aus Bronze: Der eine mit seiner Art der Löwendarstellung orientiert uns in Richtung auf kulturelle Zonen in der Nähe des Iran *(Abb. Nr. 167)*, während der andere durch seinen quadratischen Ornamentstil Beziehungen zur islamischen Kunst zeigt, insbesondere zur ghasnewidischen *(Abb. Nr. 167)*; seine Verzierung erinnert an jene der Türen des Mausoleums des Mahmud von Ghasna (Ghazni).

Vor der Verschmelzung zu einem eigenen tibetischen Ausdruck findet sich dieselbe Vielfalt an Einflüssen bei den Aureolen, die als Hintergrund für die

Statuen dienen *(Abb. Nr. 173, 174)*. Zunächst gibt es jene, die, von Kreisen und Rankenwerk umgeben, Bilder von Buddha oder der Bodhisattwa enthalten: Einige der besten Beispiele stammen aus Kaschmir; auf anderen macht die bildliche Darstellung Blumenmotiven als Hochrelief Platz, die oft als barocke Arabesken schwerfällig werden. Es handelt sich in diesem Fall um die übliche nepalesische Kunst, die am Ende sich nur schwierig von der eigentlichen tibetischen Kunst unterscheidet.

Das Repertoire dieser Aureolen ist unermeßlich und verdiente speziell für sich wegen seiner Vielfalt einen besonderen Kommentar. Dies zeigt auf jeden Fall, daß zur Zeit der buddhistischen Diaspora Tibet das Land war, in das die Handschriften und Kunstwerke geschickt wurden, weil es ein sicherer Zufluchtsort war.

Das, was wir die Skulptur betreffend gezeigt haben, gilt auch für die Malerei. Wir haben die Gemälde von Mangnang *(Maṅ Naṅ)* gesehen; ich habe auch die Aufmerksamkeit auf andere Thangka[163] gelenkt, die ohne Zweifel von Künstlern aus Kaschmir geschaffen wurden, obwohl man oft in diesen ausgemalten Bildern Spuren zentralasiatischer Einflüsse findet[164].

Die Miniaturen, die die Manuskripte des Prajñāpāramitā schmücken, gehen auf das 11.–12. Jahrhundert zurück; jedenfalls bemerkt man nach und nach, daß die Art ohne die direkte Gegenwart des Meisters schwerfälliger wird, der dekorative Teil beginnt zu überwiegen, das Helldunkel wird schwächer *(Abb. Nr. 148, 149)*. Aber das Gewand der Opferbringer erinnert weiterhin an Zentralasien[165].

Auf jeden Fall stehen die Gemälde von Mangnang *(Maṅ Naṅ)* nicht isoliert da: Außer den illuminierten Handschriften des Prajñāpāramitā können wir an die Schule erinnern, die, ebenfalls kaschmirisch, in Alchi belegt ist.

Aber in diesem Kloster gibt es mindestens drei Perioden: Die erste scheint zeitlich mit Rintschensangpo zusammenzufallen[167] und mit bestimmten Bildern der Handschrift von Tholing; es ist sicher, daß sie nicht denselben Künstlern zugeschrieben werden dürfen, aber sie gehören zu denselben Traditionen und Malweisen. Diese Schule erschöpft sich und verfällt, wie man sehr gut in der Malerei sieht, die das Leben Buddhas zeigt[168].

Danach finden wir eine neue Art, die man ins 14. Jahrhundert zurückführen kann, vielleicht auf die Zeit des Rintschentsangpo, der ungefähr um 1320 versuchte, Kaschmir zu erobern. Dieser Periode kann man das Gemälde iranischen Ursprungs (Kreise mit einem Löwen aus Gold in der Mitte) zuschreiben, das zwei tibetische Frauen zeigt, die einem König oder einer hohen Persönlichkeit, die mit einem Kaftan bekleidet ist, zu trinken anbieten[169]. Meiner Meinung nach kann man diese Fresken tibetischen Malern zuschreiben, die sich in Kaschmir niedergelassen haben, denn man findet hier eine Ausschmückung, die auch in Ghyang vorhanden ist und vielleicht zentralasiatische Motive zeigt (vergleiche die Szenen von Pendžikent und von Balalyk Tepe). Die dritte Periode wird durch die Fresken dargestellt, auf denen der Einfluß der illuminierten Handschriften der Moguln offensichtlich ist. Dies ist das Ende der durch Mangnang und die ersten Gemälde von Alchi bezeugten Schule und der Beginn einer anderen rein islamischen Kunst.

Dieser zentralasiatische Einfluß, den wir bei bestimmten Skulpturen von Iwang aufgezeigt haben, ist in bestimmten Gemälden *(Abb. Nr. 123)*[170] von Ghyang[171] noch spürbar, wo sein entferntes Echo eine Tradition scheint fortleben zu lassen, die fast am Erlöschen ist.

Ein Bild ist besonders interessant: Obwohl die Szene eine Abordnung zeigt, die Tribut zahlt (was vermuten lassen könnte, daß der Maler ziemlich realistisch das Leben zeigen wollte), ist die Ausführung in keiner Weise tibetisch, wie man es an der Art sehen kann, wie die Pferde dargestellt sind *(Abb. Nr. 183)*.

Der Einfluß der ältesten nepalesischen Art, die durch zahlreiche mit Miniaturen geschmückte Handschriften bekannt ist, die in den großen tibetischen Klöstern erhalten sind *(Abb. Nr. 148, 149)*, zeigt sich in einer sehr schönen Thangka[172], die ihr Gegenstück in den Miniaturen der nepalesischen Handschriften des 10.-11. Jahrhunderts findet. In dieser Art finden wir sie in Nesar[173] und in Iwang[174]. Für den Nachvollzug der Umschwünge und der Entstehung der nepalesischen Kunst bilden die als Fresken auf die großen Tschöten «mit zahlreichen Türen» gemalten Szenen den End- und den Verbindungspunkt der verschiedensten Traditionen: Man bemerkt hier sogar die kleinen Bilder, die uns eine frappante Ähnlichkeit mit den Bildern von Qyzil suggerieren. Was die Komponenten der Malerei betrifft, muß man sich nicht auf die einzigen oben erwähnten Einflüsse beschränken, sei es in Kaschmir, in Khotan oder in Nepal. Ganz Zentralasien bis nach Turfan, Tumchug, Qyzil und Bäzälik kann auf Bahnen und Wegen, die wir nicht imstande sind zu identifizieren, auf ihre Entstehung Einfluß genommen haben; dieser Einfluß, der in vereinzelten besonderen Schulen fortlebte, kann lange Zeit gedauert haben. Ein anderes Zentrum, das sich gewissermaßen auf halbem Wege zwischen Kaschmir und Zentralasien befand, kann Gilgit gewesen sein[175], das für lange Zeit Beziehungen mit Tibet unterhielt und von wo aus die Meister, Magier und Zauberer der Bonpo bis ins 14. Jahrhundert nach Tibet kamen. Aus Gilgit stammen zwei aus Holz gearbeitete Buchdeckel, die in diesem Lande die Existenz spezieller künstlerischer Strömungen bezeugen, von denen man aber aus Mangel an anderen Dokumenten weder den Umfang noch den genauen Charakter kennt. Die Gemälde von Ghyang, die etwas Besonderes ohne Beziehung zu den bekanntesten Kunsttendenzen Tibets darstellen, können tatsächlich gut mit späteren Anklängen von Qyzil zusammenhängen. Vergessen wir auch nicht, daß bestimmte Wandmalereien von Jonang in Quadrate aufgeteilt sind, von denen jedes eine Szene enthält. Ebenso ein Fall findet sich auch in Qyzil[176]. Die kleinen Kreise, die man um den Kopf sieht *(Abb. Nr. 186)*, sind eine offensichtliche Wiederaufnahme der Perlenketten, die zahlreiche Personen von hohem Rang auszeichnen: König, Stifter etc. auf den Gemälden in Zentralasien, Qyzil und Bäzälik. Die Art, Pferde darzustellen, bringt uns auch zu denselben Orten[177], nach Chotscho und sogar nach Penžikent[178], obwohl die Maler Zentralasiens eine ganz andere Meisterschaft zeigen. Dafür setzen aber bestimmte Szenen in der Komposition, durch die Kostüme, die Art, Bäume und Frauen zu malen, die Blumen davon pflücken, die Bildtradition von Indien fort[179]. Der nepalesische Einfluß ist im Laufe der Jahrhunderte auch weiterhin spürbar, und wir wissen durch genaue Dokumente, daß das 1429 erbaute Kloster Ngor *(Ṅor)* auf Anordnung Kungasangpos *(Kun dga' bzaṅ po)*[180] von nepalesischen Künstlern ausgeschmückt wurde.

Dieser nepalesische Einfluß auf die tibetische Malerei hat sich nicht nur durch die Fresken entfaltet und die Thangka, die nepalesischen Künstlern zu verdanken sind, die man eigens nach Tibet hat kommen lassen, sondern auch, und das ununterbrochen, durch Aufträge, die die tibetischen Klöster gaben, und durch den direkten Erwerb illuminierter Handschriften. Wunderbare Beispiele von reich illuminierten Handschriften befinden sich in großer Zahl in Sakya und in Ngor; sie haben den großen Vorteil, im allgemeinen datiert zu sein.

Man muß hier auch von den Stoffen sprechen, die regelmäßig für hohe Würdenträger und für die religiöse Obrigkeit, die die Tempel damit schmückten oder um die Thangka einzufassen, eingeführt wurden. Ich habe in Tibet recht alte gesehen, aber ich kann hier nur ein chinesisches Fragment veröffentlichen, das zweifellos aus der Epoche Yüan stammt und ein Gefolge von Frauen zeigt *(Abb. Nr. 180)* (man findet einige Szenen, die an die Fresken von Narthang erinnern, *Abb. Nr. 191)*, sowie eine nepalesische

Tapete von Narthang, die einen großen Stupa zeigt (vielleicht Svayambhūnāth) *(Abb. Nr. 181)*. Man darf auch nicht die Gegenstände des täglichen Gebrauchs vergessen, wie Lampen und Weihrauchgefäße; das Bedeutendste, das mir zu sehen gegeben war, ist ein ausgelegtes Weihrauchgefäß aus der Sakyapa-Zeit, das meiner Meinung nach aus den Ostgebieten Tibets stammt: ein Beispiel unter anderen eines Typs von Gegenständen, die eine noch lebendige handwerkliche Tradition charakterisieren.

In Richtung auf eine tibetische Koine

Die Entwicklung der Kunst folgt jener der Literatur: Zuerst Sammlung von Originalwerken, dann genaue Übersetzungen, Glossare, später Zusammenfassungen im einzigen und unauflöslichen Bereich des Buddhismus durch die Arbeit der Schulen und der einzelnen Sekten, die daraus hervorgegangen sind. So wie die Systematisierung der Dogmatik mit Tsongkhapa (1357–1419) ein Ende findet — jede Schule hat trotzdem ihren eigenen Charakter angenommen, so geht auch die *discordia discors* der Kunstströmungen im 14.–15. Jahrhundert zu Ende; viele davon haben Tibet erreicht, denn man fand überall Beispiele, und Meister mit verschiedener Ausbildung hatten hier gearbeitet. Mit den Sakyapa und mit Putön begann die Systematisierung der Dogmatik und der tantrischen Liturgie, die, indem sie die Esoterismen der Schulen in bildliche Symbole übersetzte (die Rolle Putöns ist in dieser Hinsicht entscheidend gewesen), einen großen Einfluß auf die bildliche Darstellung der rituellen und meditativen Dogmatik der Tantra ausübte. Daraus folgt, daß, als die Hauptklöster an Macht zugenommen hatten, die verschiedenen Kunstströmungen nach und nach ihre Überlieferungen in einer einheitlichen Ausdrucksform verschmolzen, die, von ihnen hervorgebracht, sich fortschreitend davon löste, um einen eigenen Weg zu gehen. Der Bau der Hauptschöten «mit zahlreichen Türen» oder Kubum, von denen ich weiter oben gesprochen habe, hat eine große Bedeutung für die Schöpfung einer künstlerischen *koine* gehabt, die nicht in den Rahmen dieser Darstellung der Archäologie und der alten Kunst Tibets hineinpaßt; dort enden und erschöpfen sich in gewisser Hinsicht die Inspirationen verschiedener Herkunft; die Erinnerung daran schwindet, und nach und nach die Spur ihres Ursprungs. Die tibetische Kunst findet ihre endgültige Form, die sie noch heute hat, ohne sich von der einmal erworbenen Überlieferung zu entfernen. Bestimmte neue politische Situationen könnten der Anlaß sein für besondere künstlerische Entwicklungen, die aber auf dieses oder jenes Kloster beschränkt bleiben: So ist es bei Dschalu *(Žalu)*, das in chinesischem Stil der Yüan-Zeit erbaut ist mit Majoliken und Arabesken und einer gewaltigen Buddhastatue, bei der der chinesische Einfluß offensichtlich ist *(Abb. Nr. 72, 73)*. Wir wissen überdies, daß chinesische und mongolische Künstler hier gearbeitet haben. In dieser Hinsicht ist Dschalu ein Unikum, das, soviel ich weiß, keine Nachfolge gefunden hat. Aus diesem Kloster stammt ein Räucherfaß aus der Yüan-Zeit *(Abb. Nr. 111)*. In der chinesischen Überlieferung ausgebildete Künstler haben auch bei der Ausschmückung des Kubum von Narthang mitgearbeitet: Auf den Malereien, die das Innere dieses Tschöten schmücken, ist die Bauart chinesisch, die Gefolge, die dargestellt sind, sind chinesisch, und selbst die Art bestimmter Szenen ist chinesisch *(Abb. Nr. 191)*. Aber es handelt sich hier um Einzelbeispiele, wie auch Phünthsokling, das von Tāranātha (geboren 1575) neu ausgeschmückt wurde, absolut einmalig ist: Die Fresken haben überhaupt nichts mit der tibetischen Überlieferung zu tun. Tāranātha hatte häufig Kontakt mit Indien. Er empfing bei sich indische Meister wie Buddhagupta, und es sind ohne Zweifel indische Künstler (verschiedener Schulen, die schwierig zu definieren sind, aber wo sich das Echo der Modulationen der in Südindien vorhandenen Strömungen bemerkbar macht), die mit einer bemerkenswerten Ausdruckskraft ihren Schöpfungen die schwungvolle Bewegung gegeben haben, die bestimmte Silhouetten galoppierender Pferde zeigen, oder sie verstanden als Virtuosen mit den Kontrasten der Farben zu spielen, den weiblichen Körpern weiche Linien zu geben, indem sie auf ihre

Weise die Themen interpretierten, die ihnen der berühmte tibetische Polygraph gab *(Abb. Nr. 192-196)*.

Wiederholen wir noch einmal, daß Osttibet immer unter dem prädominierenden Einfluß von China geblieben ist und daß durch die Vermittlung der Klöster dieser Einfluß die tibetische Koine überlagert oder sich mit ihr vermischt hat, insbesondere was bestimmte ikonographische Typen betrifft, die ihre Vorbilder in China haben — wie es für den Zyklus von 16 oder 18 *arhat* oder für die vier Lokapāla der Fall ist; besonders Vaiśravaṇa hat seine ursprüngliche zentralasiatische Ikonographie bewahrt *(Abb. Nr. 189)*. Aber nach und nach hat sich alles ausgeglichen und an eine allgemeine Sprache angepaßt, die hin und wieder mehr oder weniger ausgeprägte nepalesische oder chinesische Eigenarten zeigt. Der alten Bestand der von außerhalb gekommenen Werke, die als ein kostbares Stückchen des Landes verehrt wurden, von wo aus der Buddhismus seine geistige, philosophische und religiöse Grundlage erhielt, die fremden Erzeugnisse, die in der Anhäufung der Statuen, Malereien und Tschöten aller Epochen erhalten sind, die fast aus allen großen Klöstern gewaltige Museen machen, haben schließlich seit dem 13. oder dem 14. Jahrhundert einen aktiven und erneuernden Einfluß auf die tibetische Kunst ausgeübt. Nachdem sie ihren Weg gefunden hatte, hat sie ihn niemals mehr verlassen, außer bei seltenen oder vorübergehenden Anlässen.

Steinskulpturen

Obwohl der Stein in Tibet durchaus vorhanden ist und auch einige Statuen erwähnt werden, die aus einem Gestein hergestellt sind, das vielleicht Alabaster ist, sind Steinskulpturen außerordentlich selten gewesen: Vielleicht kommt es daher, daß zahlreiche Originalwerke aus Bronze, Kupfer oder aus anderen Metallen, die leichter zu transportieren waren, von den Pilgern mitgebracht wurden, während es für die Modellierung in Stein an

Vorbildern mangelte, von denen man sich inspirieren lassen konnte. Jedoch soll sich nach literarischen Quellen auf dem Grab des Songtsengampo eine Statue aus Stein befunden haben, die den König darstellt, und dieser Stein soll dasselbe Material der Statuen der drei Stifter *(rigs gsum mgon po)* und der fünf Buddhas *(rGyal ba rigs lṅa)* gewesen sein, die im Tempel von Ṭhantuk waren *(K'ra ạbrug)*, der nach der Überlieferung zur Zeit desselben Königs gebaut wurde. Die Tatsache, daß der Stein tatsächlich an Ort und Stelle bearbeitet wurde, wird durch das belegt, was man im *sBa bzhid* über die Künstler oder besser Bildhauer, die Titsukdetsen *(K'ri gtsug lde brtsan)* aus Nepal hat kommen lassen, lesen kann, und durch die Löwenstatue aus Stein, die von H.E. Richardson veröffentlicht wurde. Diese Statue schmückte das Grab des Repatschen *(Ral pa can)*, das sicher nach chinesischen Vorbildern gestaltet war *(Abb. Nr. 47)*[181]. Eine aus Stein gemeißelte Schildkröte in der Nähe eines Tumulus verrät auch chinesische Anregung (es handelt sich vielleicht um das Grab des Hsiao-hsin, gestorben 518). Außerdem berichtet Richardson, und ich konnte es selbst in Augenschein nehmen, daß sich im Hof des Tempels im Westen von Samye eine Steinschildkröte befindet, auf die Wasser aus einem Wasserspeier fällt, der die Form eines Drachenkopfes hat. Diese Schildkröte ist von einem anderen Ort dort hingebracht worden, vielleicht war sie ursprünglich die Basis einer Statue oder eines Pfeilers, sie ist chinesisch und stammt aus der T'ang-Zeit.

Bei den *rdo riṅ*, über die ich weiter oben gesprochen habe, verhält es sich natürlich anders. Es handelt sich um ornamentale Motive, die ohne Zweifel eine symbolische Bedeutung haben[182]; außerdem waren die Pfeiler oft mit einem kleinen Dach in der Art der Pagoden bedeckt, dessen Ecken nach oben gebogen waren, wie es in China üblich war; ein kugelförmiger oder fast kugelförmiger Ball befindet sich im Prinzip in der Mitte des Daches oder aber die Abdeckung des Pfeilers Dscholdoring *(Žol rdo riṅ)* wird überragt von einer Pyramide, die ebenfalls aus Stein ist und auf deren Spitze ein weiterer Stein in Form eines großen Tannenzapfens angebracht ist.

Entlang den Wegen, die zu den heiligen Orten führen, und bei Furten oder sehr gefährlichen Übergängen, in der Nähe von Hängebrücken und dort, wo der Berg Gefahr läuft, abzurutschen, gibt es häufig direkt in den Fels gehauene Bilder. Die ältesten stellen Buddha dar, die neueren Gottheiten, denen die Kraft zugeschrieben wird, die Gläubigen zu beschützen, insbesondere Avalokiteśvara und Tārā. Man denkt zum Beispiel an die Felsskulpturen, die sich bei P'a bon ka befinden — wo übrigens die Überlieferung auch eine Statue von Khasarpana einordnet, die zur Zeit des Songtsengampo dort hingebracht worden ist; andere befinden sich in der Nähe von Tschuschul *(C'u šul)* und Marpori *(dMar po ri)*[183] *(Abb. Nr. 199, 200)*.

Obwohl sie schwierig zu datieren sind, weil Inschriften oder andere Elemente fehlen, scheinen die Felsskulpturen in derselben Art in der Umgebung von Lhasa sehr alt zu sein *(Abb. Nr. 199)*.

Ich glaube, daß dieser Brauch in Tibet nach dem Vorbild der nordwestlichen Provinzen der indischen Halbinsel eingeführt wurde, besonders nach dem von Swat (Uḍḍiyāna), wo die Verhältnisse ähnlich und die Befahrbarkeit ebenso schwierig ist: Die Wege, die die Pilger nehmen mußten, waren hier alle mit Hilfe von Felsreliefs ausgewiesen, die gleichzeitig einen sakralen und einen funktionellen Charakter hatten[184]. Die beiden auf den Abbildungen *Nr. 199* und *Nr. 200* wiedergegebenen Skulpturen zeigen bemerkenswerte Analogien zu denen von Swat, dem Land, das seit der Zeit des Padmasaṃbhava Beziehungen zu Tibet unterhielt, Handel mit ihm trieb über Gilgit und Ladakh und das von jeher von den Tibetern als heilig angesehen wurde.

Die Schöpfungen aus ungebranntem, an der Sonne getrocknetem Ton und Gips *(Abb. Nr. 198, 201)* zeigen große Gewandtheit. Aber die Datierung dieser Darstellungen ist sehr zweifelhaft, falls man nicht die Jahreszahl des Klosters kennt, wo sie erhalten waren. Die *Abbildung Nr. 201* läßt auf entfernten Einfluß Chinas schließen.

Zusammenfassung

Um zum Schluß zu kommen, es ist erwiesen, daß man abwarten mußte, wie eine ausreichend solide politische Einheit sich entwickeln würde, damit Tibet — ausgehend von verschiedenen Vorbildern, die ihm gegeben waren, und von verschiedenen Schulen, die die historischen Ereignisse durch die Vermittlung der kleinen aus Zentralasien, Indien und anderen Gegenden geflüchteten Gemeinschaften eingeführt hatten — zu einer ihm eigenen Kunstauffassung gelangen konnte, die ihm erlaubte, seinen Geschmack auszudrücken. Diese Auffassung brauchte lange, um sich zu entwickeln, weil jede Mönschgemeinschaft eine Einheit darstellte, die ihre besonderen Verbindungen und Beziehungen zu diesem oder jenem Kulturzentrum hatte. Man darf auch nicht vergessen, daß der fromme Eifer, mit dem die Tibeter den Buddhismus aufnahmen, ihre Abneigung gegen die Neubekehrten, die begeistert, was es auch sei, an den ihonographischen Schemen verändern wollten, die als unabänderlich galten, weil sie Buddha selbst zugeschrieben wurden, all dies legte den Künstlern Grenzen auf, die sie nicht überschreiten durften. Die Gestalt war nach den Normen einer strengen Wissenschaft aufgebaut, die von Indien mit manchmal ganz leichten Veränderungen in Tibet eingeführt wurde. Die Farben waren von der Liturgie her festgelegt. Die großen Mandalakompositionen übersetzen in die Sprache der Linien und Farben Momente des Meditationsvorgangs, und sie können nicht von den subtilen Weisungen der tantrischen Soteriologie abweichen, ohne wirkungslos zu werden.

Der Künstler konnte also seiner Einbildungskraft keinen freien Lauf lassen, außer wenn diese hieratischen und mystischen Schemen mit biographischen Elementen verbunden waren: Bericht über die Ereignisse im Leben Buddhas oder der Bodhisattwas, Beschreibung der Himmel oder die Geschichte der Heiligen, die oft Äbte der großen Klöster gewesen waren. Nur dann kommt in die Malerei ein Hauch von Leben, gelangt zwischen die textbegleitende und die von den gewöhnlichen Zwängen losgelöste Malerei ein leichter Kontrast, der es dem Künstler ermöglicht, seiner Phantasie freien Lauf zu lassen.

Man sieht, daß es das Wichtigste sein wird, um sich eine in etwa richtige Vorstellung von der Entstehung der tibetischen Kunst zu machen, wenn die Umstände es erlauben, ein Verzeichnis von allem aufzustellen, das, von außerhalb gekommen, den Tibetern den ersten Anstoß gegeben hat und sie dazu führte, in ihrer Sakralkunst das Bindemittel für ihre Einheit zu finden. Tatsächlich blieb die profane Kunst, das eigentliche Kunsthandwerk zum größten Teil unter chinesischem Einfluß oder hat atypische örtliche Formen fortbestehen lassen.

Eins ist festzustellen: Die Gestalten der Stifter, die man oft auf indischen Statuen sieht, sowohl in Stein als auch aus Metall, in allen künstlerischen Perioden, in der Hindu Shāhī Kunst, in der Kunst Kaschmirs, in der des indischen Gangesgebietes oder der Bengalens — und die sich auch heute noch, wenn auch weniger häufig, in der nepalesischen Kunst finden —, diese Stiftergestalten fehlen fast völlig in der tibetischen Kunst, sie sind nur auf bestimmten Thangka erhalten, und dann auch unter Einfluß Nepals.

Man stellt deshalb einmal mehr fest, daß die Archäologie und selbst die Geschichte der tibetischen Kunst noch keine vollendeten Tatsachen sind, sondern ein Forschungsprogramm. Das, was man vor allem nicht vergessen darf, ist, daß Tibet keine von der übrigen Welt isolierte Insel ist, sondern der Punkt, an dem verschiedene Kulturen zusammentreffen: Indien, die Himalajagebiete, China, Iran und Zentralasien üben hier ihre verschiedenen Einflüsse aus. Diese Punkte können aufgeklärt werden — in einer hoffentlich nahen Zukunft — durch eine vertieftere Forschung auf dem Gebiet der tibetischen Archäologie und durch das Studium der Entwicklung seiner Kunst, ein Problem, dessen augenscheinliche Verwicklungen eine sehr umfassende Kenntnis der asiatischen Kulturen voraussetzt.

ANMERKUNGEN

1. Ich muß dem *Istituto Poligrafico dello Stato* in Rom danken, daß es mir die Genehmigung gegeben hat, einige in *T.P.S.* (vergl. Anmerkung 3) veröffentlichte Abbildungen zu veröffentlichen, ebenso meinem Freund H. E. Richardson für die Übersendung von Photographien, die er selbst aufgenommen hat, und dem *Museo d'Arte Orientale di Roma* für die Veröffentlichung einiger Thankas, die es besitzt.
2. Im folgenden *I.T.* abgekürzt.
3. Im folgenden *T.P.S.* abgekürzt.
4. 1972, Nr. 1.
5. PELLIOT, P., Histoire ancienne du Tibet, Paris, 1961, S. 80f.
6. «Eisenschmiede und Dämonen in Indien» in *Internationales Archiv für Ethnographie*, Bd. 37, Anhang, Leiden, 1939.
7. «Der Göttliche Schmied in Tibet» in *Folklore Studies*, Bd. 19, 1960, S. 263.
8. HEINE-GELDERN, R., «Das Tocharer-Problem und die Pontische Wanderung» in *Saeculum*, 1951, S. 225.
9. Vergleiche indessen RUDENKO, S. I., «Die Kultur des Hsiung-nu und die Hügelgräber von Noin Ula» in *Antiquitas*, Bd. 7, Bonn, 1969, Tafel XXI, Nr. 5.
10. BUNKER, E., BRUCE CHATWIN, C. und FARKAS, A. R., «Animal Style», Art from East to West, *Asia Society*, 1970, Abb. 85, 86.
11. Über das Gebirge in Tibet vergleiche STEIN, R. A., *La civilisation tibétaine*, Paris, 1962, S. 169, und TUCCI, G., «Die Religionen Tibets» in TUCCI, G.—HEISSIG, W., *Die Religionen Tibets und der Mongolei*, Stuttgart, 1970, S. 187, 241.
12. TUCCI, G., a. a. O., 1970, S. 241.
13. BUNKER, E., BRUCE CHATWIN, C. und FARKAS, A. R., a. a. O., 1970, Abb. 112.
14. TUCCI, G., a. a. O., 1970, S. 240.
15. HAMBIS, L., «Notes sur quelques sceaux amulettes nestoriens en bronze» in *Bulletin de l'Ecole Française d'Extrême-Orient*, 1954, Bd. 44, S. 483ff., Tafel LIX–LXIV.
16. RUDENKO, S. I., a. a. O., 1969, Tafel XXI, Nr. 3, 4.
17. Ebd., Tafel XXI, Nr. 5, 7.
18. DAUVILLIER, J., «Les provinces chaldéennes de l'extérieur au Moyen Age» in *Mélanges Cavallera*, Toulouse, 1948, und «L'expansion au Tibet de l'église chaldéenne au Moyen Age et le problème des rapports du bouddhisme et du christianisme» in *Bulletin de la société toulousaine d'Etudes classiques*, 1950.
19. In *Museum of Far Eastern Antiquities*, 1938, S. 14, Abb. 1.
20. DE TERRA, H., *Durch Urwelten am Indus*, Leipzig, 1940, S. 46, Abb. 13.
21. HUMMEL, S., «Die Heilige Höhle in Tibet», *Anthropos*, 1957, Bd. 52, S. 623ff.
22. WADDELL, L. A., *Lhasa and its Mysteries*, London, 1905, S. 289.
23. TUCCI, G., GHERSI, G., *Cronaca della missione scientifica Tucci nel Tibet Occidentale*, Rom, 1934, S. 329ff., und TUCCI, G., *Santi e Briganti nel Tibet Ignoto*, Mailand, 1937, S. 168–175.
24. NEBESKY-WOJKOWITZ, R. de, «Ancient Funeral Ceremonies of the Lepchas», *Eastern Anthropologist*, 1951, Bd. 5, S. 23ff.
25. TUCCI, G., *To Lhasa and Beyond*, Rom, 1956, S. 106.
26. TUCCI, G., Santi e Briganti nel Tibet Ignoto, 1937, S. 118ff.
27. STACUL, G., «Excavations near Ghāligai (1968) and Chronological Sequence of Protohistorical Cultures in the Swat Valley (West Pakistan)», *East and West*, 1969, Bd. 19, Nr. 1, 2.
28. PELLIOT, P., a. a. O., 1961, S. 2.

29 FRANCKE, A. H., *The Antiquities of Indian Tibet*, Kalkutta, 1914, Bd. 1, S. 22, Abb. b rechts; TUCCI, G., *Tibetan Folk Songs from Gyantse and Western Tibet*, Ascona, 1966, S. 59.
30 TUCCI, G., a. a. O., 1937, Abb. S. 49.
31 Ebd., S. 65.
32 Ebd., S. 16, Abb. a.
33 ROERICH, G. de, *Sur les pistes de l'Asie centrale*, Paris, 1933, Tafel XLIII.
34 Ebd., S. 235.
35 Ebd.
36 HUMMEL, S., «Die Steinringe des Tibetischen Megalithicums und die Gesar-saga», *Anthropos*, 1965, Bd. 60, S. 833.
37 MACDONALD, A. W., «Une note sur les mègalithes tibétains», *Journal Asiatique*, 1953, S. 63ff.
38 BACOT, J., *Dans les marches tibétaines*, Paris, 1909, S. 191.
39 ROERICH, G. de, a. a. O., 1933, S. 246.
40 Ebd., S. 236.
41 Ebd., S. 105.
42 STEIN, R., «Les K'iang des marches sino-tibétaines», *Annuaire de l'Ecole pratique des hautes études* 1957-58, Abt. Religionen, Paris, 1957, S. 4.
43 AUFSCHNAITER, P., «Prehistoric Sites discovered in inhabitated Regions of Tibet», *East and West*, 1956, S. 74.
44 Ebd., S. 75.
45 Ebd., S. 81.
46 FRANCKE, A. H., a. a. O., 1914, S. 72ff.
47 FRANCKE, A. H. zitiert DUNCAN, M. H., A Summer Ride trough Western Tibet, S. 148
47 FRANCKE, A. H. zitiert DUNCAN, M. H., A Summer Ride trough Western Tibet, S. 148, das ich nicht beschaffen konnte.
48 «The Animal Style among the nomad Tribes of Northern Tibet», *Skythika*, *Seminarium Kondakovianum*, Prag, 1930, S. 30.
49 Ebd., dritte Abb. nach 1a, S. 96.
50 TUCCI, G., a. a. O., 1937, S. 106, Abb. 1-14.
51 *Bulletin of Tibetology*, Bd. 4, Nr. 1, S. 8.
52 BACOT, J., THOMAS, F. W., TOUSSAINT, C., *Documents de Touen-houang relatifs à l'histoire du Tibet*, Paris, 1940, S. 60.
53 Auf das Wort *ke ke ru* wird schon von LAUFER, B. *in Loan Words in Tibetan. T'oung Pao*, 1916, N. 73 hingewiesen und als *Katzenauge, Chrysoberyll* definiert. Man trifft es auch im *Citralaṣaṇa*, ebenso hg. von LAUFER, 1913, S. 162; es kommt aus Prakrit *kakkeraa*, in Sanskrit *karketaṇa*.
54 Der von Šabs dge sdiṅs auf einem Berggipfel ist der imposanteste, den ich gesehen habe.
55 TUCCI, G., Tibetan Folk Songs, 1966, S. 50.
56 BACOT, J., THOMAS, F. W., TOUSSAINT, C., a. a. O., 1940, S. 109-147.
57 TUCCI, G., a. a. O., 1937, S. 136.
58 HUMMEL, S., «Der Ursprung des Tibetischen Mandalas», *Ethnos*, 1958, S. 158ff.
59 LANDON, H. S., *In the forbidden Land*, London, 1898, S. 283. OLSON, E., «More about Tibetan Ceramik», *Far Eastern Ceramik Bulletin*, Bd. 4, Nr. 3. ASBOE, W., «*Pottery in*

Ladakh», Man, 1946. HUMMEL, S., «Profane und religiöse Gegenstände aus Tibet und der Lamaistischen Umwelt am Linden-Museum», Tribus, 1964, S. 32.
60 ROCK, J, F., «Excerpts from a history of Sikkim», Anthropos, 1953, Bd. 48, S. 945.
61 NEBESKY-WOJKOWITZ, R. de, «Die Legende vom Turmbau der Lepchas», Anthropos, 1953, Bd. 48, S. 879ff.
62 Nach demselben Autor wurden zur Zeit, wo man begann, die Hochebene von Daramdin zu bebauen, die Reste eines Steinturms entdeckt: ebd., S. 897.
63 TUCCI, G., I.T., IV, Bd. 3, 1941, Abb. 55, 57. Vergleiche FRANCKE, A.H., Antiquities of Indian Tibet, Teil I, 1914, Tafel XLIV, a und b. Über die mc'od rten siehe hier S. 42.
64 TTK. TUCCI, G., The Tombs of the Tibetan Kings, Rom, 1950.
65 PELLIOT, P., a. a. O., 1961, S. 3.
66 TUCCI, G., a. a. O., 1950, S. 3, 9.
67 FERRARI, A., mk'yen Brtse's Guide to the holy places of Central Tibet, Rom, 1958, S. 52.
68 TUCCI, G., a. a. O., 1950, S. 10.
69 PELLIOT, P., a. a. O., 1961, S. 3. LALOU, M., «Rituel Bon-po dans des funérailles royales», Journal asiatique, 1952.
70 TUCCI, G., a. a. O., 1950.
71 TUCCI, G., «Die Religionen Tibets» in TUCCI, G.-HEISSIG, W., Die Religionen Tibets und der Mongolei, Stuttgart, 1970, S. 249-251.
72 RICHARDSON, H. E., «Ancient Historical Edicts at Lhasa and the Mu tsung Khri lde brtsan treaty of A. D. 821-822 from the inscription at Lhasa», Journal of the Royal Asiatic Society, Prize Publication Fund, 1952, Bd. 19. LI FAN-KUEI, «The Inscriptions of the Sino-Tibetan treaty of 821-822», T'oung Pao, 1956, Bd. 46, S. 1.
73 RICHARDSON, H. E., Journal of the Royal Asiatic Society, 1952, S. 133; ebd., 1953, S. 1ff.
74 RICHARDSON, H. E., Journal of the Royal Asiatic Society, 1954, S. 157.
75 PELLIOT, P., a. a. O., 1961, S. 2.
76 Ebd.
77 FERRARI, A., a. a. O., 1958, S. 101, Nr. 86.
78 TTK., 1950, S. 83, 84 und a. a. O., 1956, S. 140.
79 TTK., a. a. O., 1950, S. 22.
80 STEIN, R. A., Tibetan civilization, 1972, Photos.
81 FERRARI, A., a. a. O., 1958, S. 57, 108.
82 SNELLGROVE, D., RICHARDSON, H., Cultural History of Tibet, New York, Washington, 1968, Photo gegenüber S. 32. Wylie, V. T., «Mar-pa's Tower, Notes on local Hegemons in Tibet», History of Religions, 1964, Bd. 3, Nr. 2, S. 278.
83 Was die letzteren betrifft, vergleiche RICHARDSON, H. E., «Tibetan Inscription at Žvahi Lha khan», Journal of the Royal Asiatic Society, 1952, Abb. a, S. 1, die in gewisser Hinsicht die gandharische Architektur anklingen läßt.
84 TTK., a. a. O., 1950, S. 45.
85 Blue Annals, S. 184.
86 TUCCI, G., To Lhasa and beyond, 1956, S. 126. TTK., a. a. O., 1950, S. 83.
87 TUCCI, G., Ebd., 1956, S. 106.
88 LIU I-SSU, «Hsi-ts'ang Fo-chiao i-shu», Wên-wu, Peking, 1957, Tafel LXIII und LXIV.
89 TUCCI, G., Preliminary Report on two scientific expeditions in Nepal, Rom, 1956, S. 66ff.
90 Vergl. die Holzbalken, die des Dach eines nepalesischen Tempels stützen in TUCCI, G., Rati-Līlā, Genf, 1969, gegenüber S. 105.

⁹¹ *I. T.*, Bd. 4, S. 3, Abb. 36.
⁹² LIU I–SSU, a. a. O., 1957, Tafel LV. STEIN, R., a. a. O., 1962, S. 246.
⁹³ TUCCI, G.–GHERSI, G., a. a. O., Rom, 1934, S. 126.
⁹⁴ BARRETT, D., «Sculptures of the Shāhi period», *Oriental Art*, 1957, Bd. 3, Abb. 3–7; vergleiche die beiden parèdres von Wischnu im Tempel von Avamantisvamin in Avantipur, die in der späteren Kunst Kaschmirs fortbestehen.
⁹⁵ TTK., a. a. O., 1950, S. 51.
⁹⁶ Dieser kam im 13. Jh. nach Tibet. *Blue Annals*, S. 600–601.
⁹⁷ TTK., a. a. O., 1950, Abb. 3.
⁹⁸ TUCCI, G., *To Lhasa and Beyond*, 1956, S. 120.
⁹⁹ RICHARDSON, H. E., «A Tibetan inscription from Royal Lha khaṅ and a note on Tibetan chronology from A. D. 841 to A. D. 1042», Journal of the Royal Asiatic Society, 1957, S. 57ff.
¹⁰⁰ TUCCI, G., a. a. O., 1956, S. 145.
¹⁰¹ TUCCI. G., a. a. O., 1937, S. 157ff.
¹⁰² TUCCI, G., «Indian Paintings in Western Tibetan Temples», *Artibus Asiae*, 1937, Bd. 7, S. 191.
¹⁰³ In Farbe veröffentlicht auf der Rückseite des Schutzumschlages von TUCCI, G., *Tibet Land of Snows*, London, 1967.
¹⁰⁴ Über Citra vergleiche SIVARAMAMURTI, South Indian Paintings, New Delhi, 1967.
¹⁰⁵ YAZDANI, G., Ajanta – The colour and Monochrome Reproductions of the Frescoes based on Photographies, London, 1930–1955.
¹⁰⁶ *I. T.*, 1933, Bd. 2, S. 41.
¹⁰⁷ Ebd., S. 66.
¹⁰⁸ Ebd., S. 69.
¹⁰⁹ I. T., Bd. 3, S. 195, Tafel XLVI. Vergleiche auch Abb. auf S. 92 von FRANCKE, A. H., *Antiquities of Indian Tibet*, Teil I, Kalkutta, 1914.
¹¹⁰ *I. T.*, Bd. 4, Teil I, Kap. V, S. 93.
¹¹¹ Ebd., S. 103.
¹¹² Für die Inschrift vergleiche I. T., 1941, Bd. 4, Teil I, S. 189ff, und Bd. 4, Teil 3, Abb. 23 und 24.
¹¹³ *Archaeological Survey of India, Annual Report, 1909–10*, Kalkutta, 1914, S. 18. Die Figur die in TUCCI, I. T., 1941, Bd. 4, Teil 3, Abb. 13 gezeigt wird, sowie eine andere aus Lhasa gehören zur selben Schule.
¹¹⁴ *I. T.*, 1941, Bd. 4, Teil 3, Abb. 15ff.
¹¹⁵ GOETZ, H., «Studies in the History and Art of Kashmir and the Indian Himalaya», *Schriftenreihe des Südasien-Instituts der Universität Heidelberg*, Wiesbaden, 1969, Tafel XXV; Tempel von Markula Devī (in Lahul).
¹¹⁶ TUCCI, G., a. a. O., 1956, S. 145.
¹¹⁷ Vergleiche weiter unten S. 57.
¹¹⁸ TUCCI, G., *Theory and practice of the Maṇḍala*, London, 1969.
¹¹⁹ *I. T.*, a. a. O., 1932, Bd. 1.
¹²⁰ Vergleiche weiter unten S. 45.
¹²¹ TUCCI, G.–HEISSIG, W., a. a. O., 1970. S. 72ff.
¹²² TUCCI, G., a. a. O., 1961.

[123] BHATTASALI, N. K., *Iconography of Buddhist and Brahmanical Sculptures in the Dacca Museum*, Dacca, 1929, Tafel X, 6.
[124] Wie man in I. T., 1932, Tafel XXX feststellen kann.
[125] Vergleiche weiter unten S. 63.
[126] Vergleiche weiter unten S. 51.
[127] FERRARI, A., a. a. O., 1958, S. 64 und Anmerkung 50.
[128] Ebd., S. 75–78.
[129] T. P. S., 1949, S. 682.
[130] Ebd., S. 173.
[131] I. T., 1941, S. 70.
[132] TUCCI, G., a. a. O., 1967, S. 178.
[133] Vergleiche S. 76.
[134] OBERMILLER, E., *History of Buddhism by Buston*, Teil I: «The Jewelry of Scripture», Heidelberg, 1931, S. 184.
[135] T. P. S., 1949, S. 278.
[136] SUMPAKHENPO, *Pag sam jon zang. History of the rise, progress and Downful of Buddhism in India* von Sumpa Khen-po ye çe Pal Jor, hg. von Sarat Chandra das, Kalkutta, 1908, S. 136.
[137] sBa bzhed, S. 71.
[138] Chronik des 5. Dalai-Lama, S. 26, b.
[139] Vergleiche S. 37.
[140] Ich erlaube mir, den Leser hier auf einen meiner früheren Artikel hinzuweisen: «A Tibetan classification of Buddhist Images according to their style», *Artibus Asiae*, 1959, S. 179ff.
[141] Vergleiche S. 38.
[142] Für das Muster, das am unteren Teil läuft, vergleiche TOYO BIJUTSU TEN, Exhibition of Eastern Art celebrating the opening of the Gallery of Eastern Antiquities, Tokio, National-museum, Tokio, 1968, S. 146, Abb. 34.
[143] TUCCI, G.–GHERSI, G., a. a. O., 1934. S. 302.
[144] Zum Beispiel Sroṅ btsen sgam po: I. T., 1938, Bd. 2, S. 66.
[145] Vergleiche GOETZ, H., a. a. O., 1969, S. 73.
[146] Vergleiche Anmerkung 103.
[147] TUCCI, G., a. a. O., 1937, Tafeln S. 48ff.
[148] Ebd., S. 48.
[149] Vergleiche S. 38.
[150] *Archaeological Survey of India, Annual Report*, 1914, Tafel VII.
[151] TUCCI, G., I. T., 1941, Bd. 4, Nr. 3, Tafeln XI, XII, XIX, XX, XXII, XLII, XLIII, XLIV, XLV.
[152] Vergleiche S. 39.
[153] Was die Kleidung betrifft, vergleiche zum Beispiel ERDMANN, K., Die Kunst Irans zur Zeit der Sasaniden, Berlin, 1943, Tafel LXXXXVII, LXXXXVIII, und Cl.
[154] SNELLGROVE, D., RICHARDSON, H., a. a. O., 1968, S. 257, Abb. links unten.
[155] T. P. S., 1949, S. 172, Abb. 2.
[156] Ebd., S. 189.
[157] S. 87.
[158] «The Art of Tibet with an essay by Eleanor Olson», *Asia Society*, 1969, Nr. 41.
[159] TUCCI, G., I. T., Bd. 5, Teil I, S. 142ff. und Bd. 4, Teil III, Abb. 62, 63.

[160] BANERJI, R. D., «Eastern Indian School of Mediaeval Sculpture», *Archaeological Survey of India*, New Imperial Series, Delhi, 1933, Bd. 47, Tafel LXXIV, b.
[161] Vergleiche S. 182.
[162] BHATTASALI, N. K., a. a. O., 1929, Tafel XXIV. *Annual Reports of the Archaeological Survey of India for the years 1930-1934*, 1936, Teil II, Tafel CXXIV.
[163] *I. T.*, Bd. 4, Nr. 3, Abb. 64, 65. BHATTASALI, a. a. O., 1929, Tafel XVI. BANERJI, a. a. O., 1933, Tafel LXXII.
[164] Vergleiche *T. P. S.*, 1949.
[165] Zum Beispiel in *T. P. S.*, 1949, Tafel C, obere Abb.; die vier anderen Abbildungen derselben Tafel können sich vergleichen mit denen von Mań nań, besonders die zweite und die letzte der Tafel D, in der man dasselbe Relief und dasselbe Helldunkel wie in den Gemälden dieses Tempels findet.
[166] I. T., Bd. 4, Teil III, S. 48.
[167] MADANJEET SINGH, 1968, S. 60, 47.
[168] Ebd., S. 39.
[169] Ebd., S. 63.
[170] *I. T.*, Bd. 4, Teil III, Ab. 46 f., 48, 51.
[171] *T. P. S.*, 1949. Abb. 28.
[172] Diese Thanka ist in *T. P. S.*, 1949, veröffentlicht und hier durch die Genehmigung des Istituto Poligrafico dello Stato von Rom.
[173] *T. P. S.*, 1949, Abb. 78.
[174] *I. T.*, Bd. 4, Teil III, Abb. 51.
[175] BARNJEE, P., Painted covers of two Gilgit Manuscripts, *Oriental Art*, N. S. 14, 1968, S. 114.
[176] LE COQ, A. von und WALDSCHMIDT, E., *Die Buddhistische Spätantike in Mittelasien*, Berlin, 1922-1933, Kap. 3, Tafel VI.
[177] Ebd., Tafel XX.
[178] BUSSAGLI, M., Culture e civiltà dell'Asia Centrale, ERI, Turin, 1970, Abb. a, S. 45.
[179] *T. P. S.*, 1949, Bd. 1, S. 180, Abb. 24.
[180] TUCCI, G., *T. P. S.*, 1949, S. 157.
[181] Hier veröffentlicht durch die freundliche Genehmigung von Herrn H. RICHARDSON. Vergleiche den Löwen als Wache beim Grab von Kao Tsung.
[182] Zum Beispiel die Basis des rdo riṅ von sKar c'un.
[183] WADDEL, L. A., a. a. O., 1905, S. 376.
[184] TUCCI, G., «Preliminary Reports and Studies on the Italian excavations in Swat (Pakistan)», *East and West*, 1958.

BIBLIOGRAPHIE

AN SHOU-JÊN. Pa-ssu-pa chien hu pi lieh pi-hua, *Wên-wu*, Peking, 1959, Nr. 7, S. 12f.

Archaeological Survey of India, Annual Report, 1907–1908, Bd. 59, Nr. 20.

AUFSCHNAITER, P., Prehistoric sites discovered in inhabited regions of Tibet, *East and West*, 1956, 7. Jahrgang, S. 74.

BACOT, J., *Dans les marches tibétaines*, Paris, 1909.

BANERJI, R. D., Eastern Indian School of Mediaeval Sculpture, *Archaeological Survey of India, New Imperial Series*, Bd. 47, Delhi, 1933.

BARNJEE, P., Painted covers of two Gilgit Manuscripts, *Oriental Aart*, 1968, N. S., Nr. 14.

BARRETT, D., Sculptures of the Shāhi Period, *Oriental Art*, 1957, Bd. 3, S. 54.

BARRETT, D., The Buddhist Art of Tibet and Nepal, *Oriental Art*, 1957, Bd. 3, Nr. 5.

BELENITZKI, A., *Asie Centrale*, Genf, 1908.

BHATTASALI, N. K., *Iconography of Buddhist and Brahmanical Sculptures in the Dacca Museum*, Dacca, 1929.

BLUE ANNALS, *The Blue Annals*, Kalkutta, 1949, Bd. 1, 1953, Bd. 2, Übersetzung von G. ROERICH.

BUNKER, E., BRUCE CHATWIN, C. und FARKAS, A. R., «Animal Style», *Art from East to West*, Asia Society, 1970.

BUSSAGLI, M., Bronze objects collected by Prof. G. Tucci in Tibet. A short survey of religious and magic Symbolism, *Artibus Asiae*, Bd. 12, 1949, S. 331–347.

BUSSAGLI, M., *Peinture de l'Asie centrale*, Genf, 1963.

BUSSAGLI, M., *Culture e civiltà dell'Asia Centrale*, ERI, Turin, 1970.

CHIANG CHENG-LIANG, Pa T'ang Fan hui-meng pei, *Wên-wu*, Peking, S. 9-11.

CHIANG LIN, Kuan yü Chu Tsang ta-chen-ti-chi-chien wên-wu, *Wên-wu*, Peking, S. 23-27.

CHU CHIA-CHIN, Ku-kung so Tsang Ming Ch'ing liang-tai yu kuan Hsi-tsang ti wên-wu, *Wên-wu*, Peking, S. 14-19.

CHU CHIA-YÜAN, Hsi-huang-ssu hsien Hsu-mi-lu shou-miao, *Wên-wu*, Peking, S. 20-22. *Chronik des 5. Dalai-Lama* (in Tibetisch), Holzschneidekunst, Lhasa, geschrieben 1643.

DAUVILLIER, J., Les provinces chaldéennes de «l'Extérieur» au Moyen Age, *Mélanges Cavallera*, Toulouse, 1948, S. 261-316.

DAUVILLIER, J., L'expansion au Tibet de l'Eglise chaldéenne au Moyen Age et le problème des rapports du bouddhisme et du christianisme, *Bulletin de la Société toulousaine d'études classiques*, Nr. 79, Jan.-Febr. 1950, S. 1-4.

DE TERRA, H., *Durch Urwelten am Indus, Leipzig*, 1940.

ERDMANN, K., *Die Kunst Irans zur Zeit der Sasaniden*, Berlin, 1943.

FRANCKE, A. H., *The Antiquities of Indian Tibet*, 2 Bde., Kalkutta, 1914, 1926.

GOETZ, H., A late Pratihāra «brass» group, *Oriental Art*, 1956, Bd. 2, S. 148.

GOETZ, H., Studies in the History and Art of Kashmir and the Indian Himalaya, *Schriftenreihe des Südasien-Instituts der Universität Heidelberg*, Wiesbaden, 1969.

GOLDMAN, B., Some aspects of the animal deity: Luristan, Tibet, and Italy, *Ars Orientalis*, Bd. 4, 1961, S. 287 ff.

GRISWOLD, A. B., KIN, C. und Pott, P. H., *The art of Burma, Corea, Tibet*, New York, 1964.

FERRARI, A., *mk'yen Brtse's Guide to the holy places of Central Tibet*, Rom, 1958.

HAMBIS, L., Notes sur quelques sceaux amulettes nestoriens en bronze, *Bulletin de l'Ecole française d'Extrême-Orient*, 1954, Bd. 44, S. 483–525.

HEINE–GELDERN, R., Das Tocharer Problem und die Pontische Wanderung, *Saeculum*, 1951, S. 225.

HU CHIA, Yu Kuan Wên-ch'eng-kung chu-ti chi-chien wên-wu, *Wên-wu*, Peking, S. 5–8.

I. T., *(Indo-Tibetica)*, von TUCCI, G., Rom, Reale Accademia d'Italia, Bde. 1–7, 1932–1941.

K'ao-ku, Peking, ab 1936.

K'ao-ku, Neue Reihe, 1972.

K'ao-ku hsüeh-pao, Peking, ab 1959.

K'ao-ku t-ung-hsün, Peking, ab 1955.

KISELEV, S. V., *Drevnjaja istorja južnoj Sibiri*, Moskau, Leningrad, 1949·

KHANDAVALA, K., Some Nepalese and Tibetan bronzes in the collection of Mr. B. S. Sethna, Mārg., Bd. 4, Nr. 1.

LALOU, M., Rituel Bon-po dans des funérailles royales, *Journal asiatique*, 38/3, 1952, S. 275 ff.

LANDON, H. S., *In the forbidden Land*, London, 1898, S. 283.

LAUFER, B., Loan Words in Tibetan, *T'oung Pao*, 1916, Bd. 17, S. 403.

LAUFER, B., Dokumente der Indischen Kunst, *Das Citralakṣaṇa*, Leipzig, 1913.

LE COQ, A. von und WALDSCHMIDT, E., *Die Buddhistische Spätantike in Mittelasien*, Berlin, 1922–1933, 7 Teile.

LI FAN-KUEI, The inscription of the Sino-Tibetan treaty of 821–822, *T'oung Pao*, Bd. 44, 1956, S. 1.

LITVINSKY, B. A., *Archeologičeskie otkrytiya na vostočnom Pamire i problema svyazey mejdu Sredney Aziey Kitaem i Indiey drevnosty*, 25. Internationaler Kongreß der Orientalisten, Moskau, 1960.

LIU I-SSU, Hsi t'sang Fo-chiao, i-shu, *Wên-wu*, Peking, 1957.

LITVINSKY, B. A., *Archeologičeskie otkrytiya na vostočnom Pamire i problema svyazey mejdu Sredney Aziey Kitaem i Indiey drevnosty*, 25. Internationaler Kongreß der Orientalisten, Moskau, 1960.

LIU I-SSU, Hsi t'sang Fo-chiao, i-shu, *Wên-wu*, Peking, 1957.

MADANJEET SINGH, L'Art de l'Himalaya (Kunstbücher der UNESCO) s. l. 1968 (Es enthält sehr schöne Wiedergaben von Gegenständen aus Lahul, Ladakh und Spiti, deren Zuordnung und Datierung manchmal unsicher sind). Mailand, 1968.

MISSION PELLIOT III, *Douldour Agour et Soubhachi*, Tafeln, hg. unter der Leitung von HAMBIS, L., Paris, 1967.

OBERMILLER, E., *History of Buddhism* by Buston, 1. Teil: The Jewelry of Scripture, Heidelberg, 1931.

PAL PRATAPADITYA, *The Art of Tibet with an essay by Eleanor Olson*, Asia Society, 1969.

PELLIOT, P., *Histoire ancienne du Tibet*, Paris, 1961.

RICHARDSON, H. E., Three ancient Inscriptions from Tibet, *Journal of the Royal Aciatic Society*, 1949, S. 45 ff.

RICHARDSON, H. E., Tibetan Inscriptions at Žva-hi Lha khaṅ, 1. Teil, *Journal of the Royal Asiatic Society*, 1952, S. 133 und 1953, S. 1.

RICHARDSON, H. E., A ninth century Inscription from Rkoṅ-po, *Journal of the Royal Asiatic Society*, 1954, S. 157.

RICHARDSON, H. E., Ancient Historical Edicts at Lhasa and the Mu tsug Khri lde brtsan treaty of A. D. 821–822 from the Inscription at Lhasa, *J. R. A. S.*, Prize Publication Fund, Bd. 19.

ROERICH, G. de, *Tibetan Paintings*, Paris, 1925.

ROERICH, G. de, *Sur les pistes de l'Asie centrale, Paris, 1933*.

RUDENKO, S. I., Die Kultur der Hsiung-nu und die Hügelgräber von Noin-Ula, *Antiquitas*, Bd. 7, Bonn, 1969. (Aus dem Russischen übersetzt von Helmut Pollens, Vorwort von Karl Jettmar).

SIREN, O., *Histoire des arts anciens de la Chine*, Bd. 3, Sculptures de l'époque T'ang à l'époque Ming, Paris und Brüssel, 1930.

SNELLGROVE, D. und RICHARDSON, H. E., *Cultural History of Tibet*, New York, Washington, 1968.

STACUL, G., Excavations in a Rock Shelter near Ghālīgai (Swat, West Pakistan), Preliminary Report, *East and West*, Bd. 17, 1967, S. 185 ff.

STACUL, G., Excavations near Ghālīgai (1968) and Chronological Sequence of Protohistorical Cultures in the Swat Valley (West Pakistan), *East and West*, Bd. 19, Nr. 1–2, 1969, S. 44 ff.

STEIN, R. A., *La civilisation tibétaine*, Paris, 1962.

STEIN, R. A., Tibetan Civilization, London, 1972.

SUMPAKHENPO, Pag sam jon zang. *History of the rise, progress and Downful of Buddhism in India by Sumpa khan-po ye ce Pal Jor* hg. von Sarat Chandra Das, Kalkutta, 1908.

TALLGREN, A. M., Inner Asiatic and Siberian Rock pictures, *Eurasia Septentrional Antiqua*, Bd. 8, S. 187, Abb. 17–22.

TADDEI, M., Inscribed clay Tablets and Miniature Stupas from Gazni, *East and West*, 1970, Bd. 20, Nr. 1–2, S. 70ff. (Enthält eine umfangreiche Bibliographie).

TOYO BIJUTSU TEN, *Exhibition of Eastern Art celebrating the opening of the Gallery of Eastern Antiquities*, Tokio, Nationalmuseum, Tokio, 1968.

TUCCI, G., *Tibetan Painted Scrolls*, (T.P.S.), 3 Bde., Rom, 1949.

TUCCI, G., *The Tombs of the Tibetan Kings*, Rom, 1950.

TUCCI, G., On some bronze objects discovered in Western Tibet, *Artibus Asiae*, 1935, Bd. 5, S. 105–116.

TUCCI, G., Indian Painting in Western Tibetan Temples, *Artibus Asiae*, 1937, Bd. 8, S. 130.

TUCCI, G., *Santi e briganti nel Tibet Ignoto*, Mailand, 1937.

TUCCI, G., Preistoria Tibetana, *Rivista di Antropologia*, 1948, Bd. 36, S. 265.

TUCCI, G., *To Lhasa and Beyond*, Rom, 1956.

TUCCI, G., *Preliminary Report on two scientific expeditions in Nepal*, Rom, 1956.

TUCCI, G., Preliminary Reports and Studies on the Italian excavations in Swat (Pakistan), *East and West*, 1958, S. 279.

TUCCI, G., A Tibetan classification of the Buddhist images according to their style, *Artibus Asiae*, 1959, Bd. 22, S. 179ff.

TUCCI, G., *Nepal. Alla scoperta dei Malla*. Bari, 1960, 1962.

TUCCI, G., Discovery of the Mallas, London, 1962.

TUCCI, G., *Tibetan Folk Songs from Gyantse and Western Tibet*, Ascona, 1966.

TUCCI, G., Theory and practice of the Mandala, London, 1969.

TUCCI, G., Die Religionen Tibets, in TUCCI-HEISSIG, *Die Religionen Tibets und der Mongolei*, Stuttgart, 1970.

TUCCI, G., Tibet, the Land of Snows, London, 1967.

TUCCI, G. und GHERSI, G., Cronaca della missione scientifica Tucci nel Tibet Occidentale, Rom, 1934.

TUN–HUANG. BACOT, J., THOMAS, F.W. und TOUSSAINT, CH., *Documents de Touen-houang relatifs a l'histoire du Tibet*, Paris, 1940.

VOGEL, J. Ph., Antiquities of Chamba State, *Archaeological Survey of India*, Kalkutta, 1911, N. S. Bd. 36, 1. Teil.

WADDELL, L. A., Lhasa and its Mysteries, London, 1905.

Wên-wu, Peking, ab 1959.

YAZDANI, G., *Ajanta: the Colour and Monochrome Reproductions of the Ajanta Frescoes based on Photographies*, mit einer Einführung von BINYON, L., London, 4 Bde., 1930–1955, Teil I 1930, Teil II 1933, Teil III 1946, Teil IV 1955.

ABBILDUNGSVERZEICHNIS

1   *Messingtafel mit den 12 Tiersymbolen des sechzigjährigen Zyklus (60 Jahre gerechnet nach der Wechselfolge der 5 Elemente: Wasser, Erde, Feuer, Holz, Metall und 12 Tieren: Rind, Maus, Vogel, etc.) und darüber buddhistischen Symbolen. Epoche: Nach der Einführung des Buddhismus. Herkunft: Miang (unsichere Schreibung: Mayan?), Westtibet. Sammlung Bonardi.*

2   *Gürtelschnalle aus Bronze. Vorbuddhistische Zeit. Herkunft: Tsaparang, Westtibet. Sammlung Bonardi.*

3   *Amulett aus Bronze mit stilisierten Tierfiguren. Vorbuddhistische Zeit. Herkunft: Tholing. Sammlung Bonardi.*

4   *Bronzegegenstände mit Sakralcharakter und -bedeutung. Vorbuddhistische Zeit. Herkunft: In der Nähe des Manasarovar-Sees. Sammlung Bonardi.*

5   *Bronzegegenstände mit sakraler Bedeutung. Für die oberen Gegenstände Zeit unbestimmt, die anderen vorbuddhistisch. Herkunft: Yarlung, Zentraltibet. Sammlung Bonardi.*

6   *Bronzegegenstände mit Sakralcharakter, die aus 2, 3 oder 13 Kreisen gebildet sind — links unten Bedeutung nicht gesichert. Vorbuddhistische Zeit. Herkunft: In der Nähe des Manasarovar-Sees, Zentraltibet. Sammlung Bonardi.*

7   *Links: Gürtelschnalle (?). Vorbuddhistische Zeit. Herkunft: In der Nähe des Manasarovar-Sees. Rechts: Ring mit Sakralcharakter. Vorbuddhistische Zeit. Sammlung Bonardi.*

8   *Gegenstände mit sakraler Bedeutung. 9.–8. Jh. v. Chr. Herkunft: Iran (Luristan?) — (vergleiche mit Nr. 3).*

9   *Bronzereif mit ritueller oder magischer Bedeutung. Vorbuddhistische Zeit. Herkunft: Westtibet. Sammlung Bonardi.*

10   *Dreieckiges Bronzeamulett. Vorbuddhistische Zeit. Herkunft: Yarlung. Sammlung Bonardi.*

11   *Bronzefigurinen aus Khyung. — Die letzte links unten kann eine Taube darstellen und ist deshalb wohl nestorianisch. Yüan-Zeit (1276–1368). Herkunft: Miang, Westtibet. Sammlung Bonardi.*

12   *Bronzefigurine, die vielleicht einen Bären zeigt: Der Ring am Ende der Schnauze läßt vermuten, daß sie als Talisman gedient hat. Undatiert. Herkunft: Sakya. Sammlung Bonardi.*

13   *Stiel oder Extremität als Kopf eines stilisierten Widders. Vorbuddhistische Zeit. Herkunft: Shigatse. Sammlung Bonardi. (Vgl. Bunker, Chatwin, Farkas, Abb. 73).*

14   *Anthropomorphe Bronzefigurine, die einen Bieter zeigt. Vorbuddhistische Zeit. Herkunft Tschongghie (Zentraltibet). Sammlung Bonardi.*

15   *Rechts: Haken oder Ohrlöffel (?); links: nicht zu identifizierender Gegenstand. Vorbuddhistische Zeit. Herkunft: Westtibet. Sammlung Bonardi.*

16   *Kreisförmiger Bronzeanhänger. Vorbuddhistische Zeit. Sammlung Bonardi (Vergleiche Nr. 3–8).*

17   *Bronzefigurine, die einen Affen darstellt, — man trug sie als Talisman. Nicht datiert. Herkunft: Tsaparang (Westtibet). Sammlung Bonardi.*

18   *Dasselbe, Frontansicht.*

19   *Bronzeamulett, das 4 zusammengefügte Vögel zeigt, jeder hat nur einen Körper, der in 2 Köpfen endet. Vorbuddhistische Zeit. Herkunft: Shigatse. Sammlung Bonardi.*

20   *Dasselbe, von oben gesehen.*

21   *Dasselbe, Seitenansicht.*

22   *Bronzekugel mit einer Öse zum Aufhängen. Undatiert. Herkunft: Westtibet. Sammlung Bonardi.*

23   *Bronzekugel. Undatiert. Herkunft: Westtibet. Sammlung Bonardi.*

24   *Nicht zu bestimmender Bronzegegenstand — der Kopf in der Mitte schließt die Hypothese einer Fibel aus, aber läßt eine religiöse Bedeutung vermuten. Vorbuddhistische Zeit. Herkunft: Manasarovar-See. Sammlung Bonardi.*

25   *Gegenstand, der zwei aufgerichtete Tiere darstellt (links), und ein stilisierter Tierkopf (rechts). Vorbuddhistische Zeit. Herkunft: Manasarovar-See. Sammlung Bonardi.*

26   *Anhänger von unbestimmter Bedeutung — vielleicht eine kleine Glocke. Vorbuddhistische Zeit. Herkunft: Shigatse. Sammlung Bonardi.*

27   *Bronzefigurine von* Bos indicus. *Vorbuddhistische Zeit. Herkunft: In der Nähe von Kailāsa. Sammlung Bonardi.*

28   *Bronzefigurine, die ein katzenartiges Raubtier zeigt. Vorbuddhistische Zeit. Herkunft: Umgebung von Sakya. Sammlung Bonardi.*

29   *Bronzeanhänger in Kreuzform — wahrscheinlich nestorianisch und daher aus der Yüan-Zeit (1276–1368). Herkunft: Lhatse. Sammlung Bonardi.*

30   *Bronzefibel. Vorbuddhistische Zeit. Herkunft: Gartok (sGar t'og), Westtibet. Sammlung Bonardi.*

31 *Bronzefibel. Undatiert. Herkunft: Manasarovar-See. Sammlung Bonardi.*

32 *Nicht genau zu definierende Gegenstände — derjenige links unten endet in 3 Köpfen (Mensch oder Tier). Vorbuddhistische Zeit. Herkunft: Lhatse. Sammlung Bonardi.*

33 *Pfeilspitzen aus Eisen. Undatiert. Herkunft: Sakya. Sammlung Bonardi.*

34 *Grotten bei Lhatse in Tsang. Nicht zu datieren, wahrscheinlich prähistorisch.*

35 *Grotten in Luk, Westtibet (Jangthang, Schreibung unsicher: Byaṅ t'aṅ?). Prähistorische Zeit.*

36 *Grotten in der Umgebung des Yaṇḍogthso-Sees, Zentraltibet. Wahrscheinlich prähistorische Zeit.*

37 *Grotten in Yarlung, Südtibet. Wahrscheinlich prähistorische Zeit.*

38 *Megalithen in der Nähe von Dopṭadsong (Tsang). Wahrscheinlich vorbuddhistische Zeit.*

39 *Grab «des Asketen» in der Nähe des Manasarovar-Sees. Vorbuddhistische Zeit.*

40 *Bonpo-Gräber in Lo Blo (zwischen Tibet und Nepal). Undatiert.*

41 *Grab in der Nähe des Yaṇḍogtsho, Zentraltibet. Wahrscheinlich prähistorische Zeit.*

42 *Grab bei Shigatse, Tsang. Wahrscheinlich prähistorische Zeit.*

43 *Edikt vor dem Tempel von Samye, Zentraltibet, durch das der König Ṭidesongtsen (755-797) den Buddhismus zur Staatsreligion erklärt.*

44 Gräber tibetischer Könige in Tschongghie, südlich des Tsangpo. Hinten das Grab des Songtsengampo (gestorben 649) — nach Ferrari, Abb. 31 (Photo H.E. Richardson).

45 Pfeiler eines Königsgrabes in Tschongghie, südlich des Tsangpo.

46 Pfeiler des Grabes von Ṭidesongtsen in Tschongghie, südlich des Tsangpo.

47 Steinlöwe beim Grab des Repatschen (815–838). Tschongghie, südlich des Tsangpo. Hinten das Grab von Songtsengampo.

48 Umbulhakkar–Palast, südlich des Tsangpo. 4. Jh.

49 Ansicht von Sekhar in Loṭak, auf Anordnung des Meisters Marpa (gestorben 1098) von Milarepa (1040–1123) erbaut. Nach Ferrari, A., Abb. Nr. 39 (Photo H.E. Richardson).

50 Schießscharten in der Burg von Luk, Westtibet. 10.–11. Jh.

51 Schloß in Nü, Westtibet, 10.–11. Jh. (?).

52 Schloß in Penam (sPa rnam), Tsang, dessen Turm wahrscheinlich ins 12. Jh. zurückgeht.

53 Kloster Taschigang (bKra śis sgaṅ), Westtibet, das auf den Ruinen eines älteren Schlosses erbaut wurde. 11.–12. Jh. In der Mitte sieht man den Rundturm.

54 Reste alter Schlösser in Westtibet. 10.–11. Jh.

55 Gebäude mit Apsis in Kampadsong (sGam pa rdsoṅ). 11.–12. Jh.

56 Schloß von Tsaparang, von oben gesehen. Westtibet. 11.–15. Jh.

57 Ruinen des Schlosses von Pelkye (dPal rgyas?), Westtibet. 10.–11. Jh.

58 *Ruinen des Schlosses von Khyunglung (K'yuṅ luṅ) — der ursprüngliche Bau geht ins 8.–9. Jh. zurück.*

59 *Eisenbrücke über die Kyitschu (sKyid c'u), Thangton ghielpo (T'aṅ stoṅ rGyal po) (1385–1464) zugeschrieben. (Photo H.E. Richardson).*

60 *Ruinen des Klosters gNas gsar, Tsang. 8. Jh.*

61 *Tempel von Mangnang, Westtibet, 11. Jh.*

62 *Kleine Kapelle, Westtibet. 12. Jh.*

63 *Gesamtansicht von Samye, Zentraltibet. 7. Jh.*

64 *Eingang des Tempels von Samada (Sa mda'?), Tsang. 12. Jh.*

65 *Gesamtansicht von Tholing, Westtibet, von Rintschensangpo (958–1053) gegründetes Kloster.*

66 *Außenansicht der Kapelle von Uschangdo (U šaṅ rdo). 9. Jh.*

67 *Pfeiler im Innern derselben Kapelle von Uschangdo. 9. Jh.*

68 *Tempel zur Einweihung in Tholing. 11. Jh.*

69 *Stuckstatue. 11.–12. Jh. Tiak (Schreibung unsicher: gTi yag?), Westtibet.*

70 *Statue von Tschenresik (sPayn ras gzigs), ausgeführt von Tschölotö (C'os blo gros), Schüler von Rintschensangpo. 11.–12. Jh. Samada, Tsang.*

71 *Gesamtansicht des Klosters von Sakya, gegründet 1073.*

72 *Detail des Tempeldaches von Dschalu (Ža lu), gegründet in der Yüan-Zeit (1276–1368).*

73   Dasselbe.

74   Portalvorbau des Tempels von Samada. 11.–12. Jh.

75   Wandgemälde eines Tempels, die verschiedene Typen von Tschöten zeigen. 14.–15. Jh. Westtibet.

76   Tschöten bei Ṭhantuk (Kra ạbrug). 13. Jh.

77   Restaurierte Tschöten von Rapghieling (Rab rgyas gliṅ), Westtibet. 14.–15. Jh.

78   Tschöten von Ghyang (rGyaṅ), Tsang. 14.–15. Jh.

79   Dasselbe, Detail.

80   Tschöten von Ghiantse (rGyal rtse). 14. Jh.

81   Tschöten von Tschampaling (Byams pa gliṅ), Zentraltibet. 15. Jh.

82   Reihe von 108 Stupas in Milam (rMi lam?), bei Mangnang. 11.–12. Jh.

83   Tschöten von Narthang, Tsang. 14. Jh.

84   Tschöten von Tholing: Die Überlieferung behauptet, daß er die Überreste von Rintschensangpo (958–1055) enthält.

85   Tschöten von Sungkhar (Zuṅ mk'ar) bei Samye. 8.–9. Jh.

86   Ruinen eines Tschöten bei Khangsar (K'aṅ gsar), Westtibet.

87   Tschöten aus Bronze; T'ang-Zeit (618–906). Kloster von Ngariṭatsang (mNa' ris grwa tsaṅ), Zentraltibet.

88   Bronzetschöten. 13.–14. Jh. Kloster von Ngariṭatsang (mNa' ris grwa tsaṅ). Zentraltibet.

89 *Tschöten aus ungebranntem Ton vom Typ «Abstieg vom Himmel». 12.–13. Jh. Herkunft: Tholing, Westtibet.*

90 *Dasselbe. Sammlung Bonardi.*

91 *Tschöten aus ungebranntem Ton vom Typ «gomang (sgo maṅ)» («mit vielen Türen»). 12.–13. Jh. Herkunft: Tsaparang, Westtibet. Sammlung Bonardi.*

92 *Dasselbe. 11.–12. Jh. Herkunft: Tholing, Westtibet. Sammlung Bonardi.*

93 *Drei Tschöten aus ungebranntem Ton vom Typ «Abstieg vom Himmel» mit der Formel des Prajñāpāramitā. 12.–13. Jh. Herkunft: Westtibet. Sammlung Bonardi.*

94 *Tschöten vom Typ «Abstieg vom Himmel», umgeben von zwei kleineren Stupas mit der Formel des Prajñāpāramitā. 12.–13. Jh. Herkunft: Doṭakdsong (rDo brag rdsoṅ), Tsang. Sammlung Bonardi.*

95 *Großer Tschöten umgeben von zwei kleineren Stupas, Erinnerung an ein berühmtes Kloster. 13. Jh.*

96 *Fünf Tschöten aus ungebranntem Ton, die sich über den Formeln des Prajñāpāramitā erheben. 11.–12. Jh. Herkunft: Westtibet. Sammlung Bonardi.*

97 *Tschöten mit einer Tür, umgeben von kleineren Stupas. 13.–14. Jh. Herkunft: Tholing, Westtibet. Sammlung Bonardi.*

98–99 *Tsatsa als Tschöten. 12. Jh. Herkunft: Sakya. Sammlung Bonardi.*

100 *Tsatsa aus ungebranntem Ton, die Dorjesempa (rDo rje sems dpa') zeigt. 12.–13. Jh. Herkunft: Sakya. Sammlung Bonardi.*

101 *Tsatsa aus ungebranntem Ton, die den Bodhisattwa Mañjuśrī zeigt. 13. Jh. Herkunft: Lhatse, Tsang. Sammlung Bonardi.*

102 *Tsatsa aus ungebranntem Ton, die den Bodhisattwa Dorjesempa (rDo rje sems dpa') zeigt. 12.–13. Jh. Herkunft: Tsang. Sammlung Bonardi.*

103 *Tsatsa aus ungebranntem Ton, die den Bodhisattwa Lokeśvara zeigt. 11.–12. Jh. Herkunft: Dschalu, Tsang. Sammlung Bonardi.*

104 *Dasselbe. Herkunft: Tholing. Sammlung Bonardi.*

105 *Tsatsa aus ungebranntem Ton, die Dölma (sGrol ma) (Tā rā) zeigt. 11.–12. Jh. Herkunft: Tsaparang, Westtibet. Sammlung Bonardi.*

106 *Tsatsa aus ungebranntem Ton, die den Bodhisattwa Lokeśvara zeigt. 11.–12. Jh. Herkunft: Tschang (P'yaṅ), Westtibet. Sammlung Bonardi.*

107 *Tsatsa aus ungebranntem Ton, zeigt den Buddha Sākyamuni. 13.–14. Jh. Herkunft: Tholing, Westtibet. Sammlung Bonardi.*

108 *Tsatsa aus ungebranntem Ton, zeigt Buddha zwischen zwei Bodhisattwas. Ungefähr 12. Jh. Herkunft: Westtibet. Sammlung Bonardi.*

109 *Bronzetafel, die Buddha zeigt, wie er sich das Haar mit einem Schwert schneidet; an den Seiten die Götter Brahmā und Indra. 12. Jh. Herkunft: Lhasa.*

110 *Bronzeglocke aus Ṭhantuk (K'ra a̱brug). 8.–9. Jh.*

111 *Gefäß aus Eisen mit Verzierung aus Gold. Yüan-Zeit. Herkunft: Sakya. Sammlung Bonardi.*

112 *Großer Eisentopf mit Silberverzierung; bemerkenswert das nestorianische Kreuz. Herkunft: Lhasa. Sammlung Bonardi.*

113 *Wandmalerei von Mangnang: Apsaras. 11.–12. Jh.*

114 *Dasselbe. Ein Asket.*

115–117 *Dasselbe. Göttinnen oder Opferdarbringende vom Typ Tschöpilhemo (mC' od pa lha mo), Göttinnen, die die Opfergaben personifizieren.*

118 *Dasselbe. Acala und Vajrapani.*

119 *Dasselbe. Akṣobhya in der Pose des bhumisparśamudrā.*

120 *Dasselbe. Wahrscheinlich Vajradharma, eine Gottheit des sogenannten Kunrik-(Kun rig) Zyklus.*

121 *Dasselbe. Mönch.*

122 *Dasselbe. Detail eines Wandgemäldes.*

123 *Wandgemälde, zeigt einen Bieter. 14. Jh. Ghyang.*

124 *Darstellung eines Bodhisattwa. 12. Jh. Kapelle von Tshepame (Ts'e dpag med) in Iwang.*

125 *Wandmalerei: Detail aus dem Leben Buddhas. 12.–13. Jh. Alchi (Ladakh).*

126 *Geschnitzte Balken. 12. Jh. Tempel von Samada, Tsang.*

127 *Große Bronzestatue, die Vajrapāni zeigt. 11.–12. Jh. Tholing. Schule aus Kaschmir.*

128 *Elfenbeinstatue, zeigt einen Bodhisattwa. Epoche des Rintschensangpo (958–1055). Mangnang.*

129 *Buddha und zwei Bodhisattwa aus Holz. 11. Jh. Herkunft: Tabo (in Spiti).*

130 *Fragment eines Buddha aus Terrakotta. 11. Jh. Herkunft: Tholing. Sammlung Bonardi.*

131 *Löwe aus Holz aus dem Weihetempel. Herkunft: Tholing. Sammlung Bonardi.*

132 *Dasselbe. Detail.*

133 *Detail des Portals aus geschnitztem Holz. 11.–12. Jh. Tsaparang, Westtibet.*

134 *Verzierung aus geschnitztem Holz. 11.–12. Jh. Fassade des Klosters von Alchi (Ladakh).*

135 *Dasselbe. Detail.*

136 *Fragment eines Holzportals, das Szenen aus dem Leben Buddhas zeigt. 11. Jh. Tholing.*

137 *Holzportal, das die Göttinnen der Flüsse Gangā und Yamunā zeigt. 12. Jh. Tempel von Gayādhara in Lhatse.*

138 *Holzportal. 11.–12. Jh. Tsaparang.*

139 *Verzierung aus geschnitztem Holz. 11.–12. Jh. Fassade des Klosters von Alchi.*

140 *Fragment eines Heiligenscheins aus Bronze, das Szenen aus dem Leben Buddhas zeigt. 11.–12. Jh. Narthang, Jampelhakhang (ḁJams pai lha la'aṅ).*

141 *Fragment eines vergoldeten Heiligenscheins mit der Darstellung von Padmapāni und Blumenmotiven. 11.–12. Jh. Iwang.*

142 *Holzskulptur, zeigt einen Bodhisattwa. 11.–12. Jh. Tabo.*

143 *Mārīcī: Bronzestatue. 10.–11. Jh. Herkunft: Sakya. Pāla-Schule. Sammlung Bonardi.*

144 *Buddha Śākyamuni: Holzstatue. 11.–12. Jh. Herkunft: Luk. Sammlung Bonardi.*

145 *Der Bodhisattwa Padmapāṇi: Bronzestatue. 11.–12. Jh. Sammlung Bonardi.*

146 *Der Bodhisattwa Padmapāṇi: Bronzestatue. 11.–12. Jh. Herkunft: Tsaparang, aber kaschmirischen Ursprungs. Sammlung Bonardi.*

147 *Dasselbe. Herkunft: Kojarnāth, Westtibet. Sammlung Bonardi.*

148–149 *Illuminierte Handschrift des Prajñāparamitā. 11. Jh. Nepalesische Schule. Sammlung Bonardi.*

150 *Göttin (Apsaras): Holzstatue. 11. Jh. Herkunft: Alchi. Sammlung Bonardi.*

151 *Der Bodhisattwa Avalokiteśvara. 11. Jh. Herkunft: Sakya. Pāla-Schule. Sammlung Bonardi.*

152 *Der Bodhisattwa Vajradhara. 10.–11. Jh. Herkunft: Kongkardseng (Goṅ dkar rdsoṅ), Tsang. Pāla-Schule. Sammlung Bonardi.*

153 *Bronzestatue der Göttin Kurukullā. 10.–11. Jh. Herkunft: Sakya. Pāla-Schule. Sammlung Bonardi.*

154 *Avalokiteśvara: Bronzestatue. 11.–12. Jh. Aus Chambā. Sammlung Bonardi.*

155 *Buddha in bhūmiśparśamudra. 12.–13. Jh. Herkunft: Luk. Sammlung Bonardi.*

156 *Heiligenschein in vergoldetem Holz. 14.–15. Jh. Herkunft: Tsaparang. Kaschmirischer Einfluß.*

157 *Bronzestatuen. Pāla-Zeit: 10.–11. Jh. Kloster von Sakya.*

158 *Bronzestatuen; die in der Mitte ist aus der Pāla-Zeit: 10.–11. Jh. Kloster von Sakya.*

159 *Buddhastatue aus Terrakotta. 10.–11. Jh. Nesar (Tsang).*

160 *Bronzestatue von Padmapāni. 12. Jh. Kloster von Pökhang (sPos k'aṅ) (Tsang).*

161 *Bodhisattwastatue aus Bronze. 12.–13. Jh. Kloster von Zintschi (rDsiṅ p'yi). Zentraltibet.*

162 *Bodhisattwastatue aus Gips. 11.–12. Jh. Kloster von Nesar.*

163 *Bodhisattwastatuen aus Gips. 11.–12. Jh. Kloster von Iwang.*

164 *Kapelle von Tholing, die Statuen verschiedener Epochen enthält: Die Bronzestatue links stammt wahrscheinlich aus Kaschmir. 11.–12. Jh.*

165 *Rand einer Muschel aus Silber. Indische Arbeit. 10.–11. Jh. Kloster von Pökhang (sPo k'aṅ).*

166 *Bronzestatue des Padmapāni mit Augen aus Silber. 10.–11. Jh. Herkunft: Ngor (Nor). Sammlung Bonardi.*

167 *Basis eines Tschöten aus Bronze. 12.–13. Jh. Herkunft: Kloster von Sakya. (Nach T.P.S. mit der freundlichen Genehmigung des Istituto Poligrafico dello Stato, Rom).*

168 *Dasselbe. 11.–12. Jh.*

169 *Basis eines Tschöten aus Bronze. 11. Jh.? Kloster von Narthang.*

170 *Maṇḍala in der Form des Himmelspalastes. 12.–13. Jh. Sakya.*

171   *Tschötenecke aus Kupfer. 12. Jh. Samada.*
172   *Buddha aus Bronze. 15. Jh. Herkunft: Nethang (sNe t'aṅ).*
173   *Obere Partie eines Heiligenscheins aus Bronze. 12.-13. Jh. Kloster von Sakya.*
174   *Dasselbe.*
175   *Tārāstatuen, der Zeit des Atīśa zugeschrieben. 11. Jh. Tempel von Nethang.*
176   *Bronzestatue des Bodhisattwa Padmapāṇi. 13. Jh. Nethang.*
177   *Ghiellhuktscho (rGyal lugs c'os) «die königliche Robe», die von den Königen getragen und von den alten Familien erhalten wurde. (Photo H.E. Richardson).*
178   *Der Paolöntschen (dpa' bo Blon c'en) von Nethang, der als oberster Teil des Körpers des Ministermönches Dranka-palkiyonten (Bran ka dpal gyi yon tan) aus der Zeit Repatschens, Nethang bei Lhasa (Photo von H.E. Richardson).*
179   *Ringghien (Riṅ rgyan) «die alten Kleinode», die nach der noch bestehenden Überlieferung von den Königen getragen wurden. (Photo von H.E. Richardson).*
180   *Chinesischer Stoff. Yüan-Zeit (1276-1368). Herkunft: Kloster Sakya. Sammlung Bonardi.*
181   *Baumwollstoff mit der Darstellung des Stupas von Svayambhūnāth, umgeben von Figuren Anbetender, die mit Flügeln versehen sind. Nepalesisches Werk, ursprünglich im Kloster von Narthang erhalten. 16. Jh. Sammlung Bonardi.*
182   *Wandmalerei (Zyklus von Peldenlhamo (dPal ldan lha mo)). 15.-16. Jh. Tschöten von Ghyang.*
183   *Wandmalerei. 15.-16. Jh. Tschöten von Ghyang.*

184   *Wandmalerei. 14. Jh. Tschöten von Jo-nang (Jo naṅ).*

185   *Wandmalerei. 15.–16. Jh. Tschöten von Ghyang.*

186–189 *Dasselbe. 14.–15. Jh.*

190–191 *Wandmalerei. 14. Jh. Tschöten von Jo-nang.*

192–196 *Wandmalerei. 16. Jh. Phüntshokling (P'un ts'ogs gliṅ), Kapelle von Schemar (gSed dmar).*

197   *Skulptur, die einen* arhat *darstellt. Norbukhyungtse (Nor bu k'yuṅ rtse). 14. Jh. (?).*

198   *Buddha aus Stuck. 12.–13. Jh. Mangnang, Westtibet.*

199   *Buddha, Basrelief in Fels gehauen. Undatiert. Herkunft: in der Nähe von Lhasa.*

200   *Dasselbe. 13.–14. Jh.*

201   *Buddha aus Stuck. 13.–14. Jh. Dschalu.*

202   *Thangka: Nangparnangze (rNam par snaṅ rndsad) (Vairocana) als* vitarka-mudrā. *Nepalesische Schule. Herkunft: Narthang. Nationalmuseum Orientalischer Kunst, Rom. Nach T.P.S. mit freundlicher Genehmigung des Istituto Poligrafico dello Stato, Rom).*

203   *Thangka: Lama Sakyapa. Nepalesische Schule. Herkunft: Ngor (Nor). Nationalmuseum Orientalischer Kunst. Rom (mit freundlicher Genehmigung des Museums).*

204   *Thangkafragment: Abbild des Tschamsing (btsan Cam Sriṅ) (auch unter dem Namen Beg tse bekannt) mit Rigpelhamo (Rig pai lha mo) zu seiner Linken und Sogdak (Srog bdag) zu seiner Rechten, umgeben von seinen 8 Gefährten (die ḍithok (gri t'ogs) sind jene, die das Schwert schwingen). Nepalesische Schule. Herkunft: Lha rtse. Nationalmuseum Orientalischer Kunst, Rom. (Nach*

T.P.S. mit freundlicher Genehmigung des Istituto Poligrafico dello Stato, Rom).

205 *Thangka: Döljang (sGrol ljaṅ) (Syāmā Tārā), mit der rechten Hand als varadamudrā und der linken Hand als abhayamudrā, zwischen Reschikma (Ral gcig ma) zur Linken und Mārīcī zur Rechten. Oben ein kleines Bild von Amitābha. Auf der Thangka kann man die verschiedenen Formen der Tārā sehen und die Abbildungen des Ganzen. Nepalesische Schule. Herkunft: Narthang. Nationalmuseum Orientalischer Kunst, Rom. (Nach T.P.S. mit freundlicher Genehmigung des Istituto Poligrafico dello Stato, Rom).*

206 *Thangka: Dorjejitsche (rDo rje ạjigs byed Varjabhairava) umgeben von 8 Friedhöfen. Auf der Thangka sind sogar Lamas dargestellt. Nepalesische Schule. Herkunft: Narthang. Nationalmuseum. Orientalischer Kunst, Rom. (Nach T.P.S. mit freundlicher Genehmigung des Istituto Poligrafico dello Stato).*

207 *Thangka: Samvara. Nepalesische Schule. Herkunft: Sakya. Nationalmuseum Orientalischer Kunst, Rom.*

208 *Thangka: Buddha Sākyamuni als bhūmisparśamudrā. Kaschmirische Schule. Herkunft: Kloster von Luk. Nationalmuseum Orientalischer Kunst, Rom.*

209 *Thangka, dem Zyklus der 84 siddha geweiht. Die zwei Zentralfiguren sind nicht zu identifizieren, da keine Inschriften vorhanden. Um sie herum sind die siddha zu sehen (diese Thangka hat als Text den von bsTan ạgyur LXXII, 52, Grub t'ob brgyad cu rstsa bzii gsol ạdebs). Nationalmuseum Orientalischer Kunst, Rom. (Nach T.P.S. mit freundlicher Genehmigung des Istituto Poligrafico dello Stato, Rom).*

210 *Thangka: Vajrapāni (?). Nepalesische Schule. Herkunft: Kloster von Ngor. Nationalmuseum Orientalischer Kunst, Rom.*

VERGLEICHENDE ZEITTAFEL

Jahreszahl	IRAN	CHINA	ZENTRALASIEN	NEPAL	INDIEN	TIBET
200	Sassaniden (226–651)				Gupta (320–500)	
600	Eroberung durch die Araber (637–651)	Sui-Dynastie (589–618) T'ang-Dynastie (618–906)	Hephthaliten (4.–6. Jh.) Arabische Eroberung von Merw 651	2.–7. Jh. Licchavi-Dynastie unter starkem Guptaeinfluß Amśuvarman gründet die Thākuri-Dynastie	6. Jh. Toromāna (ca. 490–512) Mihirakula (ca. 512–528) Harscha von Kanauj (606–647)	620–649 Sroṅ btsan sgam po 650 Grab des Sroṅ btsan sgam po 676–704 Erweiterung des zentralasiatischen Besitzes
700					Lalitaditya (713–750) Turki Shahi (8. Jh.) Pāla (740–1125) Sena–Dynastie (11. Jh.) Gurjara Pratihara (750–1036) Rasthrakutā (757–973)	755–797 (?) K'ri sroṅ lde btsan 715 Gründung des Klosters bSam yas 779 Anerkennung des Buddhismus als Staatsreligion
800				879 Anfang einer neuen Dynastie	Hindu Shāhī von um 885 bis Ende des 10 Jh.	815–838 K'ri gtsug lde btsan (Ral pa can) 838–842 Verfolgung des Buddhismus 866 Profanierung der Gräber der tibetischen Könige
900		Die Zeit der 5 Dynastien (907–960)			Mahmud von Ghasna (Ghazni) (998–1030)	9.–10. Jh. Zweite Verbreitung des Buddhismus in Tibet Rin c'en bzaṅ po (958–1055) wird nach Kaschmir entsandt

1000		Sung des Nordens (960–1126)	11. Jh. Thakūri-Dynastie		1042 Atiśa wird nach Tibet eingeladen und stirbt in Nethang bei Lhasa 1073 Gründung des Klosters von Sakya
1100	Seldschuken-Dynastie 11.–13. Jh.			Gāhadavala-Dynastie 12. Jh.	Mar pa (gestorben 1098) Gründung des Sras mk'ar 1179 Gründung des Klosters von ạBri guṅ 1189 Gründung des Klosters von mT'sur p'u
1200	Dynastie der Ilkhane (Anfang 13. Jh. bis Mitte 14. Jh.)	Dschingis-Kahn (1167–1227)	etwa 1200 Malla-Dynastie	Nordindien unter den Muselmanen ging aus von der Herrschaft der Mamelucken 1206–1290	1206 Begegnung Dschingis-Khans mit tibetischen Würdenträgern Die Saskya pa werden Ti shih der Mongolenkönige
1300			Jayasthiti Malla (etwa 1380–1400) gibt der Malla-Dynastie neue Impulse	1324 gründen die von Tuglag vertriebenen Könige der Tirhut eine neue Dynastie in Bhatgaon, die bis zur Mitte des 15. Jh. dauerte	Byan c'ub rgyal mts'an (gst. 1373) tritt an die Stelle der Saskya pa und begründet die Macht der P'ag mo gru pa.
1400	Ming-Dynastie 1368–1644	1370 erobert Timur-Leng Balkh und Samarkand			1409 Gründung von dGa'ldan 1416 Gründung von ạBras spuṅ 1419 Gründung von Sera 1447 Gründung von bKa sis lhun po

INDEX

A

Afghanistan 74, 120, 138, 150
Ajanta 94
Ākaramati 142
Alchi 53, 94, 180, 195
animal style 54
Apsaras 80, 94
Arhat 14, 200
Asien 38, 59
Atīśa 184, 193
Avalokiteśvara 95, 142, 143, 202
axis mundi 62

B

Bajaurā 96, 181
Balukhar (Ba lu mk'ar) 53
Bangsomarpo (Baṅ so dmar po) 61
beads 38, 39, 53
Bengalen 14, 96, 120, 143, 184, 204
Bharhut 115
Birma 120
Bodhisattwa 79, 96, 117, 137, 178, 181, 194, 204
Bodhnāt 115
Bonpo 16, 36, 57, 196
Bon-Religion 34, 35, 73
bos indicus 37
Brahmaputra 54
Buddha 79, 94, 96, 116, 117, 118, 119, 137, 179, 180, 183, 195, 201, 202, 203, 204
Buddha Sākyamuni 90
Buddhismus 37, 38, 59, 61, 64, 73, 74, 78, 80, 90, 91, 115, 118, 138, 139, 141, 179, 193, 198, 200
Byiu 50

C

China 12, 14, 38, 75, 114, 142, 144, 177, 200, 201, 203, 204

D

Ḍākinī 50
5. Dalai-Lama 14, 80, 144
Ḍalha (dGra lha) 56
Ḍanang 92, 96, 181
Danrayuntsho (Dan rwa gyu mts'o) 51
Daramdin 58
Demosa (bDe mo sa) 64
Depung (ạ Bras spuṅs) 91
dhāraṇi 118, 120
dharmaśarīra 118
Dhīmān 143
Ḍigumtsenpo (Gri gum btsan po) 63
Dinnāga 117
Dölma (sGrol ma) 55, 142, 143
dom 35
doring (rdo riṅ) 50, 51, 56, 91
Doṭakdsong (rDo brag rdsoṅ) 39, 50, 51
dred 35
Dschalu (Žalu) 199
Dschamyang (ạ Jam dbyaṅs) 95
Dschol (Žol) 64

G

Gadong (dGa sdoṅ) 142
Ganges 120, 204
Garbyang 50, 51, 56

Garuḍa 35
gau 37
Gayādhara 40, 180
Ghandarakunst 77
Ghiamda (rGya md'a) 55
Ghiantse 138
Ghiellakhang (rGyal Lha K'aṅ) 91
Ghikö (Gi K'od, Ge k'od) 36
Ghyang (rGyaṅ) 138, 195, 196
Gilgit 138, 196, 202
Grotten 39
gtso bo 92
Gujar 49
gzigs 38

H

Hanupat 53
Harvan 93
Has po ri 75
Hevajra 94
Hindu Shahi 144, 204
Höhlen 15
Horpa 54
Hsiao-hsin 201

I

Indo-Tibetica 11
Indien 37, 61, 115, 137, 138, 142, 144, 177, 184, 193, 203, 204
Indus 52, 53
Iran 16, 34, 36, 38, 53, 74, 193, 204
Islam 180

Iwang 80, 92, 95, 96, 144, 180, 181, 195, 196

J

Jambudvīpa 90
Jampe 77
Janthang 39
Jokhang 80, 89, 279
Jonang (Jo naṅ) 138, 197

K

Kadampa (bK'a gdams pa) 119
Kafir 56
Kailāsa 40, 55
Kampadsong (sGam pa rdsoṅ) 77
Kanzampaß 55
Kao ku
Kartschung (sKar c'uṅ) 89
Kaschmir 14, 57, 80, 89, 93, 94, 95, 96, 120, 137, 138, 144, 177, 179, 180, 183, 184, 193, 194, 195, 196, 204
Katmandu 193
Katse (sKa Ts'al) 79
ke ke ru 55
Kerman 35
Keru 79
khading (mk'a'ldiṅ) 35
Khalatze (K'ala rtse) 53
Khardsong (m K'ar rdsoṅ) 93
Khartschung (sKar c'un) 64
Khasarpana 142, 202
Khonscher (K'on bžer) 62
Khotan 144, 196
Khubilai 142
Khyunglung (K'yuṅ lun) 39, 40, 57

K'iang 52
King-tschen 78
Kojarnath 180
Kokonor 52, 57
Königsgräber 11, 180
Kulu 80, 96, 181
Kun Lun 39
Kurkihar 182
kuten (sku rten) 117
Kytschu (sKyid c'u) 89, 90
k'yuṅ 34, 35

L

Labrungschar (Bla braṅ šar) 40
Ladakh 52, 53, 54, 59, 73, 76, 94, 202
Laghman 56
Lama 114, 116, 117, 119
Langdarma (Glaṅ dar ma) 91
Leh (sle) 52, 53
Lepscha 40, 58
lhakang (lha kaṅ) 57, 77, 93
Lhasa 40, 52, 61, 64, 75, 80, 89, 92, 142, 179, 202
lhatho (lha t'o) 55
Lhatse (Lha rtse) 39, 138, 180
li lugs 96
Lo (Blo, Mustang) 39, 49, 56
Lokapāla 14, 200
Lokeśvara 119, 120
lotsāva 93, 138, 141
Luk 15, 39, 178, 180

M

Mahāyāna 120
Mahmud von Ghasna (Ghazni) 193

Maitreya 138, 142
Malḍo (Mal gro) 79
Manasarovar-See 50
Mandala 114, 117, 203
Mangnang (Maṅ naṅ) 93, 179, 194, 195
Manjughosa 95
Mañjuśrī 119, 142
Marpa 76, 77
Marpori 75, 202
Mati 95
Mesopotamien 35
mig 38
Milarepa 40, 76
Minusinsk 37
m Kyen brtse 62
Mongolei 36, 52
Mongolendynastie 14
Mutiktsenpo (Mu tig btsan po) 91
Mu tsung 64

N

Naktschuka (Nag c'u k'a) 55
Nanam Dorjevangtschuk (sNa nam rDo rje dban p'yg) 91
Nanglön (Naṅ blon) 63
Narthang (sNar t'aṅ) 138, 183, 193, 197, 198, 199
Nenying (gNas rñiṅ) 183
Neolithikum 15, 57
Nepal 14, 15, 39, 54, 96, 114, 115, 142, 143, 144, 177, 180, 193, 196, 201, 204
Nesar (gNas gsar) 92, 95, 96, 196
Nethang 184
Ngariṭatsang (mNa ris grwa tsaṅ) 119, 178
Ngarpathang (Nar pa t'aṅ) 63
Ngor (Ṅor) 197

237

Nubra 39
Nyan (gÑan) 142
Nyelam (Ñe lam) 15

O

Osttibet 14
Otantapuri 91

P

Padmapāṇi 95, 119, 120, 184
Padmasaṃbhava 75, 202
Paharpur 91
Pangongtsho (sPan goṅ mts'o) 50
Pan tso ra 95
Pemakarpo (Pad ma dkar po) 177
Penam (sPa rnam) 76
Pendžikent 195, 197
phabong (p'a bon) 50
Phagmoṭupa (P'ag mo gru pa) 76
Phaongkha (P'a bon k'a) 75
Phünthsokling (P'un ts'ogs glin) 14, 144, 199
Phyang 73
Pökhang (sPos k'an) 184
Potala 64, 89, 142
pradakṣi ṇa 61
Prajñāpāramitā 118, 119, 120, 194
Preta 40
Pretapuri 40
Pu (sPu) 50, 51, 56
Putön (bu ston) 143, 198

Q

Qyzil 196, 197

R

Ramotsche (Ra mo c'e) 78, 79, 80, 91, 179
rdo riṅ 90, 201
Repatschen (Ral pa can) 75, 89, 201
Reting (Rva sgreṅ) 50
Retschungphuk (Ras c'uṅ p'ug) 40
rgya lugs 96
Rintschensangpo 89, 91, 92, 93, 94, 95, 179, 195
Ripumalla 80, 89
rgya p'ugs 74, 77
rva, ra 73

S

sādhu 93
Saga 51, 55
Sakya (Sa skya) 40, 50, 114, 119, 142, 144, 197
Sakyapa (Sa skya pa) 13, 14, 76, 77, 138, 182, 198
Sakyapentschen (Sa skya Paṇ c'en) 142
Sākyaśri 138, 181
Samada 92, 179, 95, 181
Sāmkāšya 116
Samye (bSam yas) 64, 75, 77, 90, 91, 142, 178, 201
Sanchi 115
Sanghgeggatsho (Saṅs rgyas rgya mts'o) 80
Satschen (Sa c'en) 40
Schambā 80
Schapgheding (Šab dge sding) 50, 54, 56
Scherapghielthsenpo (Šes rab rgyal mts'an dpal bzaṅ po) 138

Scheraptschungne (Šer rab ạbyuṅ gnas) 142
Schiwa 37
Sekhang (gsas k'aṅ) 57
Sekhar (sras mk'ar) 77
sekharguthok (sras mk'ar dgu t'og) 76
semata 57
seṅ gernam rgyal 76
Shidekar 50
Shigatse 138
Sibirien 35, 63
Sikkim 40
Sinpori (Sriṇ po ri) 90
sku mk'ar 73
Sonamtaschi (bSod nams bkra šis) 138
Songtsengampo (Sroṅ btsan sgam po) 61, 62, 63, 75, 78, 79, 89, 142, 201, 202
Spiti 55, 57, 181
Stupa 114, 115, 118, 119, 120, 198
Südostasien 54
Sumpakhenpo (sum pa mk'an po) 143
Sung 183
sungten (gsuṅ rten) 117
surkhar (Zur mkar) 75
Swat 49, 52, 53, 57, 80, 120, 202

T

Tabo 94, 180
Tai Erh-chien 15
Tanak (rTa nag) 178
T'ang 79, 178, 201
Tāranathā 138, 143, 199
Ṭaschi taghie (bkra šis rtags brgyad) 37
ten (rten) 117
Thailand 120

Thangka 182, 194, 196, 197, 204
Thaṇṭuk (K'ra abrug) 79, 178, 201
thoding (mt'o ldiṅ) 16
thokde (t'og rdeu) 16
Tholing 77, 90, 91, 120, 179, 180, 183, 195
Thophu (K'ro p'u) 138
thukdam (t'ugs dam) 95
thukten (t'ugs rten) 117
Ṭhulnang (a P'rul snan) 78, 143
Tibetan Painted Scrolls 11
Ṭidesongtsen (K'ri lde sroṅ brtsan) 62, 64, 75
Tirthapuri 40
Ṭisongdetsen (K'ri sroṅ lde brtsan) 40, 64, 78, 79, 89, 90, 178
Titsukdetsen (K'ri gtsug lde brtsan) 64, 144, 201
Transhimalaja 9
Tsang (gTsaṅ) 36, 57, 59, 92, 95, 96, 120, 138
Tsangpo 64, 90, 92, 96, 181
Tsaparang 39, 40, 73, 94, 179, 180, 183
ts'a ts'a 116, 118, 119, 120, 137, 138
tschak-ri (lcags ri) 73
Tschampaling (Byams pa gliṅ) 138
Tschang (P'yaṅ) 39, 40, 93
Tschangresik (sPyan ras gzigs) 38
Tschannadorje (P'yag na rdorje) 95
tschapo (bya po) 35

Tschenrezik (sPan ras gzigs) 95
Tschingpataktse (P'yin pa sTag rtse) 74
Tschöghiel ('os rgyal) 90, 177
Tshoghieltakmar (mTs'o ryal Brag dmar) 40
Tschökiong (C'oss kyoṅ) 117
Tschölotö (C'os blo gros) 95
Tschongghie (ạ P'yoṅ rgyas) 61, 74
Tschöten (mc'od rten) 59, 75, 77, 89, 91, 96
Tsongkhapa 198
Tsurphu (mTs'ur p'u) 64
Tuktscha 39
Tun huang 36, 55, 57
Tuṣita 116

U

Uiguren 177
Umbulakhar (Yum bu lha mk'ar) 73, 77
Uschangdo (U šan rdo) 75, 89
Uschkur 89
Üssukhar (dBus su mk'ar) 93
Ütok (dbu t'og) 80

V

Vajrāpāṇi 95, 180
Vibhūticandra 90

Viśvakarman 143
Volksreligion 16

W

Wên-wu 12
Westtibet 9, 11, 16, 57, 59, 77, 89 ,90, 91, 92, 93, 94, 95, 120, 138, 139, 183, 193

Y

Yak 37
Yandokthso (Yar abrog mts'o) 39
Yarlung (Yar kluṅs) 39, 40, 61, 63, 64, 73, 74, 75
Yerpa 40, 178
Yüan 14, 37, 38, 197, 199
Yüeh-tsche 33

Z

Zentralasien 14, 38, 63, 74, 177, 178, 180, 181, 193, 196, 197, 204
Zentraltibet 9, 95, 193
Zhailhakhang (Žva'i lha k'aṅ) 64
Zhitok (bŽi t'og) 182
Zhönnuö (g Žon nu'od) 95

239

SATZ, DRUCK UND EINBAND:
NAGEL VERLAG, GENF 1973
OFFSET-FILME: GRAVOR SA, Biel
GESETZLICHES DEPOT NR. 587

GEDRUCKT IN DER SCHWEIZ
PRINTED IN SWITZERLAND

**TIBET
TRANSHIMALAYA**

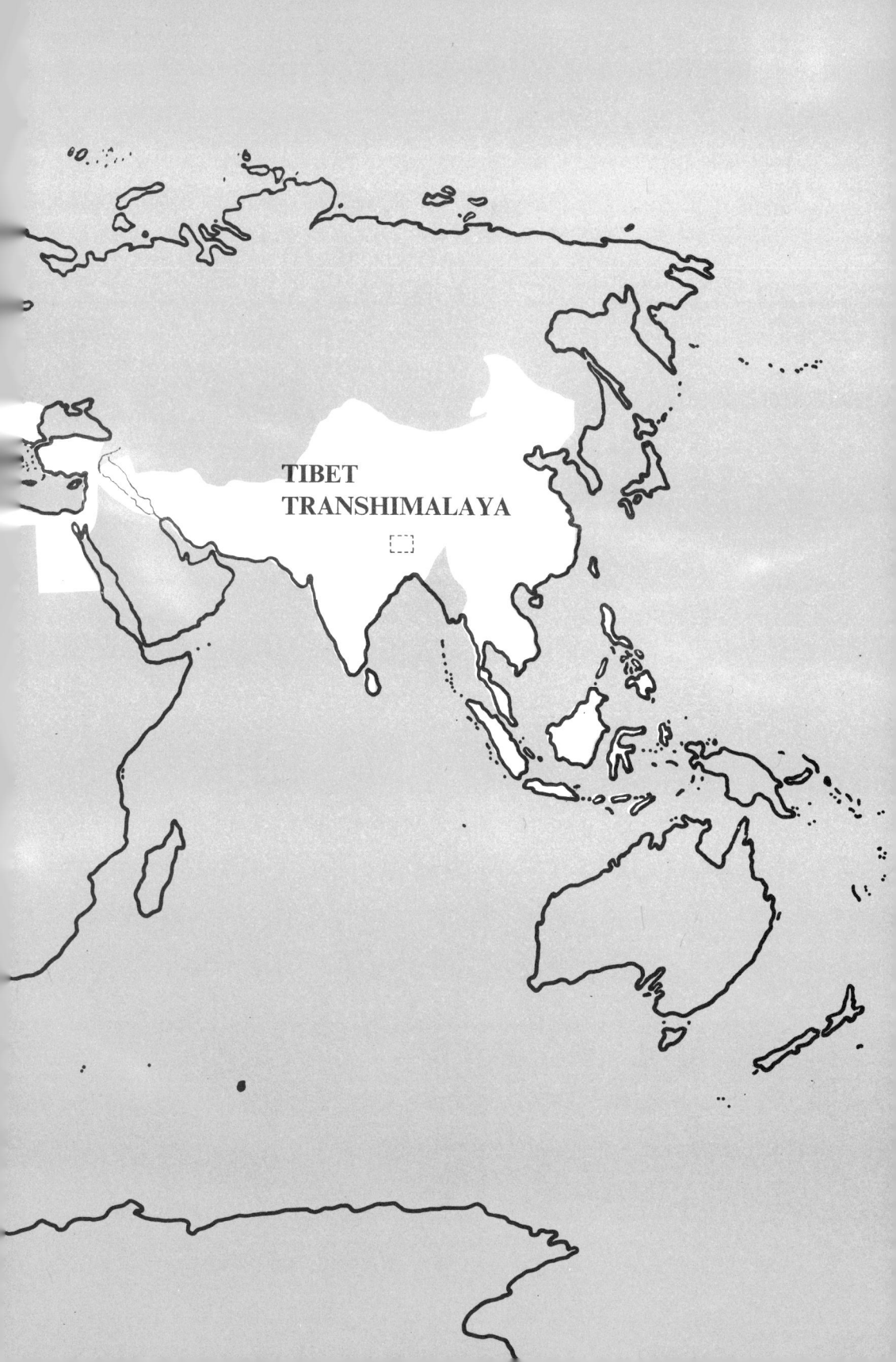